Luciane Martins Ribeiro

A subjetividade e o outro
Ética da responsabilidade em Emmanuel Levinas

EDITORA
IDEIAS&
LETRAS

DIREÇÃO EDITORIAL:
Marcelo C. Araújo

COMISSÃO EDITORIAL:
Avelino Grassi
Edvaldo Araújo
Márcio Fabri dos Anjos

COPIDESQUE:
Ana Rosa Barbosa

REVISÃO:
Thiago Figueiredo Tacconi

DIAGRAMAÇÃO:
Bruno Olivoto

CAPA:
Marcelo Freeman

© Ideias & Letras, 2015.

EDITORA
IDEIAS &
LETRAS

Rua Tanabi, 56
Água Branca – São Paulo-SP
CEP 05002-010
Fone: (11) 3675-1319
vendas@ideiaseletras.com.br
www.ideiaseletras.com.br

Dados Internacionais de Catalogação na Publicação (CIP)
(Câmara Brasileira do Livro, SP, Brasil)

A subjetividade e o outro: ética da responsabilidade em Emmanuel Levinas / Luciane Martins Ribeiro;
São Paulo: Ideias & Letras, 2015.

ISBN 978-85-65893-68-8

1. Ética 2. Levinas, Emmanuel, 1906-1995
3. Responsabilidade 4. Sensibilidade I. Título.

14-08195   CDD-100

Índice para catálogo sistemático:
1. Filosofia 100

Dedico este livro à minha mãe, Árida, pelo ensinamento do amor ao outro que somente mais tarde floresceria em forma de filosofia.

*Agradeço profundamente ao prof. Nilo Ribeiro Júnior,
mestre em generosidade e acolhimento,
pelo apoio estimulante e amigo nesta pesquisa.*

*Ao estimado prof. Ulpiano Vásquez Moro,
por suas sugestões e comentários intrigantes.*

*Agradeço também ao amigo e editor, prof. Márcio Fabri dos
Anjos, pela receptividade deste escrito e acurada revisão.*

*À Editora Ideias & Letras
pela competente publicação deste livro.*

*Sou grata também à minha família e
à amiga Gislene Ferreira
pela confiança e motivação para prosseguir
nos estudos filosóficos.*

*Finalmente, ao querido Guilherme, por compartilhar
comigo esta e tantas outras aventuras.
Por sua paciência, dedicação e afeto infinito.*

Índice

Introdução _____ 9
1. Do ser anônimo à subjetividade como hipóstase _____ 15
   1.1. Da iniciação filosófica ao filósofo _____ 15
   **1.2. Diálogo crítico sobre a concepção
       de subjetividade em Husserl e Heidegger** _____ 21
       1.2.1. Subjetividade e intencionalidade _____ 22
       1.2.2. A existência do Ser _____ 26
       1.2.3. Temporalidade e *Dasein* _____ 29
       1.2.4. O *ser-para-a-morte* como mal de ser _____ 34
   1.3. O anonimato do Ser _____ 39
       1.3.1. *Il y a* _____ 39
   1.4. Hipóstase: a constituição da identidade _____ 45
       1.4.1. Subjetividade e fruição _____ 45
       1.4.2. Subjetividade e sensibilidade _____ 49
       1.4.3. Subjetividade e interioridade _____ 51
   1.5. Subjetividade e temporalidade _____ 53
       1.5.1. Abertura a outrem _____ 53
2. Subjetividade e evento ético _____ 57
   2.1. As formas de alteridade humana _____ 57
       2.1.1. O feminino _____ 57
       2.1.2. Paternidade e fecundidade _____ 61
       2.1.3. Rosto _____ 65

2.2. Subjetividade e ipseidade _____70
    2.2.1. Infinito: o trauma da identidade _____70
    2.2.2. Sensibilidade desejante e responsável _____75
    2.2.3. O reverso da liberdade _____79
2.3. Interpelação e evento ético _____83
    2.3.1. Alteridade como enigma _____83
    2.3.2. Assimetria do encontro com outrem _____87
    2.3.3. Subjetividade como responsabilidade _____91
3. Subjetividade como substituição na ética da alteridade _____97
    3.1. Linguagem ética _____97
        3.1.1. O *con-tato* como expressão do corpo a corpo ___97
        3.1.2. Subjetividade e o dito _____102
        3.1.3. A *des-medida* ética do dizer _____108
    3.2. Subjetividade e proximidade _____113
        3.2.1. Subjetividade vulnerável _____113
        3.2.2. A obsessão por outrem _____118
        3.2.3. Subjetividade como refém _____121
    3.3. Subjetividade como substituição _____124
        3.3.1. Recorrência: em direção ao
            para-o-outro da responsabilidade _____124
        3.3.2. Subjetividade maternal _____128
        3.3.3. Amor sem *eros* _____132
Considerações finais _____139
Referências bibliográficas _____145

Introdução

A filosofia ocidental se empreendeu, desde os gregos, na busca pela verdade do Ser. O modelo de racionalidade lógico-discursiva encontrou na pergunta ontológica (o que é a realidade?), o alicerce para consolidar o saber. A pergunta pela realidade, portanto, perpassa toda a filosofia ocidental propugnando a metafísica como filosofia primeira. Com Aristóteles, o pressuposto da eficácia da racionalidade também alcançou terreno fértil na medida em que o filósofo edificou a reflexão e a tematização ao fenômeno fundamentalmente humano, o *ethos*.

A partir da filosofia aristotélica tornou-se comum submeter o ethos ao logos. A ética consagrou-se, então, como ciência do ethos[1] a refletir sobre a necessidade intransferível de averiguar e criticar racionalmente os hábitos e os costumes. Uma forma de conseguir dar razões para o agir humano. A partir desse legado, a ética assumirá o caráter de ciência prática e o sujeito será compreendido como aquele que encontra na razão meios para definir e fundamentar o agir moral. Dessa forma, a pergunta pelo sentido do humano foi abarcada pela racionalidade lógica do saber.

Contrariando a ordem da racionalidade ocidental, o pensamento levinasiano tem a pretensão de instaurar a ética como *filosofia primeira*, sem, contudo, compreendê-la como *ciência do ethos*. Embora o autor proponha a ética como *filosofia primeira* não é seu intuito construir um sistema ético com a finalidade de sobrepor-se aos sistemas desenvolvidos ao longo da tradição ocidental. O que se destaca na filosofia levinasiana é a tentativa de ressignificar a palavra ética a partir da relação com o outro. Sob esse registro, a ética levinasiana presta-se ao exercício de problematizar a constituição da subjetividade humana frente à relação com o próximo.

---

[1] Como ciência do real, a ética tem por objeto o *ethos*, que se apresenta como fenômeno histórico-cultural dotado de evidência imediata e impondo-se à *experiência* do indivíduo tão logo este alcance a primeira idade da razão. VAZ, Henrique Lima. *Escritos de filosofia II: ética e cultura*. 3ª ed. São Paulo: Loyola, 2000, v. 2, p. 37.

A nova semântica da palavra ética segundo Emmanuel Levinas extravasa, portanto, o mero aparecer do fenômeno histórico-cultural situando-a para além do Ser e da concepção de sujeito autônomo. O sentido da ética deve-se à situação ética constituída do encontro vivido com o *rosto*, isto é, trata-se de perceber na relação face a face com outrem o chamado para cuidar da alteridade irredutível que se lhe apresenta. Ao ser entrevistado em 1986, Levinas esclarece o sentido de ética como relação com o *rosto* do outro:

> *A ética: comportamento em que outrem, que lhe é estranho e indiferente, que não pertence nem à ordem de seus interesses nem àquela de suas afeições, no entanto, lhe diz respeito. Sua alteridade lhe concerne. Relação de uma outra ordem que não o conhecimento em que o objeto é investido pelo saber, aquilo que passa pelo único modo de relação com os seres. Pode alguém ser para um eu sem reduzir-se a um objeto de puro conhecimento? Situado em uma relação ética, o outro homem permanece outro. Aqui, é precisamente a estranheza do outro, e se podemos dizer sua estrangeiridade, que o liga a você eticamente. É uma banalidade –, mas é preciso espantar-se com ela.*[2]

Dessa forma, o deslocamento do sentido da ética propugnado por Levinas repercutirá inexoravelmente no modo como o autor aborda a subjetividade humana. É essencial frisar que à investigação filosófica da ética do *rosto* e à constituição da subjetividade a partir da relação vivida com o outro subjaz o fecundo diálogo com diversos filósofos da tradição ocidental. Entretanto, as críticas levinasianas se voltam, principalmente, sobre a filosofia de Hegel, Husserl e Heidegger. A influência de autores como Rosenzweig, Blanchot, Derrida, Jean Wahl, também foram essenciais para o amadurecimento da filosofia levinasiana.

Embora Levinas, ao longo de sua obra, torne evidente a influência desses e de outros filósofos, este livro se concentrará sobre as contribuições e questionamentos aos mestres da fenomenologia. Uma vez que Husserl e Heidegger contribuíram para o desenvolvimento do pensamento do autor ao mesmo tempo em que se tornaram alvo de uma crítica voraz devido à relação existente entre os autores e o primado ontológico.

Outra contribuição fundamental que se destaca na constituição da subjetividade segundo a ética da alteridade encontra-se nos ensinamentos oriundos da sabedoria judaica. Marcado pela tradição judaica, Levinas desloca os conceitos da filosofia grega para além dos pré-socráticos. O *retorno aos*

---

[2] POIRIÉ, F. *Emmanuel Levinas: ensaio e entrevistas*. São Paulo: Perspectiva, 2007, p. 84.

profetas para aquém dos poetas será a fonte inspiradora para a aventura ética levinasiana. Não se trata, porém, de propugnar uma simples oposição entre a sabedoria grega e a judaica. O que o autor pretende é retornar às bases do pensamento judeu para instituir uma outra forma de argumentação filosófica mais antiga do que a proveniente do *logos* grego.

Sem associar imediatamente o sentido de religião à teologia, embora fazendo da cultura talmúdica um referencial filosófico para deslocar o sentido da ética, o autor encontra bases para recuperar o humano que não se deixa aprisionar pela tematização advinda da cultura grega. Em certo sentido, Levinas serve-se do vocabulário e dos ensinamentos da sabedoria bíblico-talmúdica para constituir uma argumentação essencialmente filosófica que prima pelo não esquecimento do outro e que concebe a subjetividade humana fora da visão de totalidade propugnada pela razão ocidental.

Este livro tem como tarefa explorar a constituição da subjetividade como chave hermenêutica investigativa da ética da alteridade. O propósito desse estudo está em pretender descrever a subjetividade do sujeito como sensibilidade situando-a como ponto fulcral da ética da responsabilidade. Para isso, utilizar-se-á a cronologia e a periodização da obra do autor, bem como se servirá de um recorte *diacrônico* em torno do tema da subjetividade. Longe de pretender esgotar as questões sobre o tema ora proposto, essa investigação visa aprofundar a concepção filosófica de subjetividade que tem sua antropogênese na hipóstase ou no existente e sua heterogênese na relação com o corpo/rosto do outro.

Iniciaremos com uma breve contextualização do autor. Isso se torna relevante, pois permitirá situar, de maneira rápida e concisa, os diferentes traços da subjetividade humana a partir da periodização da obra levinasiana.[3] Desde os primeiros escritos filosóficos, serão abordadas as considerações e críticas de Levinas sobre a filosofia de Husserl e de Heidegger.

A filosofia de Levinas centra-se na nova concepção de subjetividade que se afasta da noção de introspecção e de intencionalidade da consciência autorreferente promovida pela fenomenologia de Husserl. O sujeito não é apenas

---

[3] Seguiremos o modo como Nilo Ribeiro Júnior e Ulpiano Vásquez Moro abordam a periodização da obra de Emmanuel Levinas. A saber: "o primeiro período compreende as publicações durante os anos de 1929 a 1951 e é denominado *período ontológico*. O segundo, ou *período metafísico*, corresponde aos escritos entre 1952 e 1964. O terceiro vai de 1964 a 1995, ano da morte do autor, e pode ser identificado como *período ético*". RIBEIRO JR, N. *Sabedoria de amar: a ética no itinerário de Emmanuel Levinas*. São Paulo: Loyola, 2005, pp. 21-23. Grifo do autor. VASQUEZ, Ulpiano. *A teologia interrompida: para uma interpretação de E. Levinas (I)*. Perspectiva Teológica, Belo Horizonte, v. 14, n. 32, jan./abr. 1982, pp. 51-73.

afetado pelas coisas do mundo – mundo vivido – voltando à consciência de si para representar a realidade. O sujeito é fundamentalmente afetado pela alteridade humana o que ocasiona uma alteração no sentido da constituição da subjetividade enquanto sensibilidade.

O diálogo com a ontologia heideggeriana será mais severo a ponto de Levinas compará-la à filosofia da violência ao associá-la ao espírito que gerou os acontecimentos da *Shoah*.[4] Segundo o filósofo, ao retirar o Ser do esquecimento, a ontologia heideggeriana descuidou do outro. O ser, segundo Levinas, não será concebido como generosidade, mas como Ser anônimo e impessoal (*Il y a*). Para sair desse registro, o pensamento de Levinas insiste na necessidade de o ser humano evadir-se da ontologia. O homem deve buscar um caminho de "*ex*-cendência" do Ser, uma vez que o Ser despersonaliza a subjetividade e esquece e violenta o outro.

Tentaremos esclarecer o movimento executado pelo sujeito de *posição* frente ao Ser. Esse movimento de "*ex*-cendência" do Ser mostra-se no surgimento da subjetividade como *hipóstase*. A contração do existente frente ao seu existir salvaguarda a unicidade do sujeito, sem permitir que a subjetividade seja englobada pelo Ser. Dessa forma, trata-se de perceber a constituição da subjetividade como sensibilidade fruitiva nos escritos filosóficos do primeiro e segundo períodos. A partir da "*ex*-cendência" do ser e do movimento da fruição será possível entrever como a subjetividade se constitui como temporalidade outra do que a do Ser.

A subjetividade que descreveremos sustenta-se na heterogeneidade sendo constituída a partir do contato com as primeiras formas de alteridade humana. A obra *Totalidade e infinito* será o marco referencial dessa investigação. As relações com o feminino e o filho nortearão o caminho até a irrupção/epifania do *rosto* do outro. O encontro com o *rosto* – alteridade sem distinção – conduzirá nossa pesquisa ao campo da ética como filosofia primeira. Trata-se de analisar a constituição da subjetividade a partir da presença do infinito no *rosto* e do desejo metafísico do outro. Nesse âmbito, se esclarecerá também em que consiste a liberdade do sujeito.

O *rosto* do outro se aproxima e expressa um apelo de justiça – *Não matarás!* – convidando o sujeito a responder pela relação ética. Faz parte da constituição da subjetividade o modo como o *rosto* se põe na relação. No movimento

---

[4] Adotamos a denominação *Shoah*, palavra hebraica que significa catástrofe e que se refere, especificamente, à morte de milhões de judeus nos campos de concentração nazistas. Esse termo é considerado historicamente mais adequado que *Holocausto*. MARCO, Valéria de. *A literatura de testemunho e a violência do Estado*. Lua Nova, n. 62, 2004, pp. 45-68.

de se aproximar e se distanciar do sujeito, a alteridade do *rosto* deixa uma marca de comprometimento ético na subjetividade. Conforme poderá ser percebido no desenvolvimento do livro, a subjetividade se sente investida de responsabilidade para com o outro anterior a um ato da vontade.

Nesse registro, o encontro com o outro será apresentado como relação face a face. A dinâmica da relação social emergirá das características subjacentes tanto do *rosto* quanto da subjetividade. Trata-se de apresentar o caráter assimétrico da relação, assegurando a singularidade e unicidade da subjetividade do sujeito. Nesse âmbito, pretende-se esclarecer que a responsabilidade é constitutiva da subjetividade como sensibilidade e não um mero atributo do sujeito racional fruto da reciprocidade da relação *eu-alter ego*.

Tentaremos avançar com a ideia de que a constituição da subjetividade ética se realiza no deslocamento da linguagem ontológica para a linguagem ética. Desembocaremos, portanto, na investigação da subjetividade como linguagem eminentemente ética. Para isso, será necessário percorrer as considerações entre o *dizer* e o *dito* tal como Levinas os aborda em contraposição ao pensamento de Heidegger após *Ser e tempo*.

A partir da obra *Autrement Qu'être ou Au-delà de L'essence*, pretende-se descrever a subjetividade como sensibilidade ética na substituição por outrem. Para tanto, é fundamental esclarecer a condição da subjetividade como refém, vulnerabilidade, passividade e obsessão. Tais características esclarecerão que a eticidade da subjetividade se compõe a partir da *de-posição* do sujeito hipostasiado na fruição frente à proximidade do próximo[5] como contato ético.

No registro da linguagem ética, a descrição sobre a subjetividade alcançará seu cerne no movimento de *substituição* de *um-para-o-outro*. Trata-se de dar um último passo e de propugnar o estatuto ético da subjetividade como sensibilidade sob a figura da maternidade. Com isso, pretende-se desembocar na reflexão filosófica da subjetividade como "sabedoria do amor" ao outro.

Pretende-se, após esse percurso, tornar evidente a importância que a subjetividade adquire na ética da responsabilidade. Longe de relegá-la a mero papel de coadjuvante na relação ética, a subjetividade se destaca ao longo do pensamento de Levinas como *suporte* responsivo pela humanidade do outro homem.

---

[5] Nota do autor: Levinas adota esse termo para se referir ao movimento que o outro realiza ao aproximar-se do eu. Entretanto, esse movimento não se constitui como intencionalidade ou como mera manifestação. Trata-se, sobretudo, do evento ético, pois a afecção da proximidade do próximo altera a subjetividade tornando-a cúmplice e aberta à doação, investindo-a, portanto, de responsabilidade. LEVINAS, E. *De Otro Modo que Ser: o Más Allá de la Esencia*. 4ª ed. Salamanca: Ediciones Sígueme, 2003, pp. 143-151.

1

Do ser anônimo à subjetividade como hipóstase

Renda-se como eu me rendi. Mergulhe no que você não conhece como eu mergulhei. Não se preocupe em entender. Viver ultrapassa todo entendimento.
(Clarice Lispector)

O pensamento ético de Levinas situa a subjetividade em um movimento de "*ex*-cendência" do Ser até o seu aparecimento como hipóstase. A *posição* do sujeito frente ao Ser será responsável por configurar a subjetividade como sensibilidade fruitiva, em um movimento que vai da evasão à fruição. A construção de seu pensamento se desencadeia a partir de um intenso diálogo com as concepções de Husserl e Heidegger. No entanto, a própria trajetória de vida e da obra de Levinas permite perceber a composição do seu ambiente histórico-filosófico e compreender melhor as razões de suas críticas, bem como a densidade do seu pensamento. Temos assim um roteiro para este primeiro capítulo, começando por situar os diferentes traços da subjetividade humana a partir da periodização da obra do filósofo e da apresentação do seu contexto histórico.

1.1. Da iniciação filosófica ao filósofo

Emmanuel Levinas desponta no horizonte filosófico do século XX como um pensador que se destaca dos moldes da racionalidade ocidental e do pensamento ontológico da filosofia contemporânea. A ousadia para sair da ordem da razão, do referencial ontológico e a reconstrução da subjetividade constituem-se como o marco central de sua filosofia.

O filósofo de origem judaica nasceu em Kaunas, Lituânia, em 30 de dezembro de 1906. Durante a Primeira Guerra Mundial, sua família emigra para a Ucrânia. Mais tarde, em 1920 o jovem lituano retorna à cidade natal e intensifica os estudos sobre a língua hebraica e os costumes judeus. Nesse período se dedica à leitura de autores russos como Dostoievski e Tolstoi, os quais, juntamente com os ensinamentos judaicos, conduziram-no ao interesse pela filosofia.

Em 1923, com o intuito de continuar sua formação e ingressar na Universidade, deixa a Lituânia para se estabelecer em Estrasburgo, França. Sua retirada para terra estrangeira e o envolvimento com a cultura ocidental constitui, para o judeu filósofo, o embate de duas dimensões fundamentais de sua experiência humana. Por um lado, desperta-o para o mundo da filosofia do Ocidente, e, por outro, a situação de êxodo o marca e pesa sobre sua condição judaica diante do antissemitismo europeu.

Na Universidade de Estrasburgo, entra em contato com as obras dos grandes expoentes da filosofia clássica e moderna: Platão, Aristóteles, Descartes e Kant. Durante o período de iniciação filosófica, de 1924 a 1930, experimentou no ambiente acadêmico o ar de nova filosofia trazida, sobretudo, pelo pensamento de Bergson e Durkheim. Levinas surpreende-se com a concepção de temporalidade bergsoniana, segundo a qual, "o *tempo* não é mais simplesmente uma eternidade que se quebrou, ou a falha do eterno, sempre referindo-se ao sólido, mas, pelo contrário, o próprio *acontecimento do infinito em nós*, a própria excelência do bem".[6] A temporalidade, essa *maravilha da diacronia*, volta-se como articulação inicial da humanidade do homem. Será a partir da destituição da primazia do tempo mecanicista, trazida por Bergson, que Levinas elaborará a sua própria concepção de temporalidade.

Após concluir a licenciatura em filosofia escolhe a teoria da intuição de Husserl como objeto de estudo para sua tese de doutorado. A convite da Universidade de Estrasburgo, em 1928, retira-se para Friburgo para participar dos seminários de fenomenologia e tem Husserl e Heidegger como palestrantes. O burburinho dessa aventura fenomenológica marcará de tal modo Levinas a ponto de despertá-lo para um novo modo de filosofar. Encontrará em Husserl o incentivo do rigor metodológico e em Heidegger um desafio para sair do âmbito da ontologia. Em 1930, retorna a Estrasburgo para defender sua tese de doutorado, cujo título é *A teoria da intuição na fenomenologia de Husserl*.

Nos anos que precederam a Segunda Guerra Mundial é convidado para participar da Sociedade Francesa de Filosofia. Por meio de Jean Wahl e Gabriel Marcel faz seus primeiros contatos com as tendências filosóficas do existencialismo. Embora próximo ao circuito filosófico francês, tem apenas contatos esporádicos com Sartre. De modo que o existencialismo não se constituiu como uma influência marcante em sua filosofia, mesmo porque já tinha começado a ser gestada quando o filósofo lituano se encontrava prisioneiro de guerra.

---

[6] POIRIÉ, F. *Emmanuel Levinas: ensaio e entrevistas*. São Paulo: Perspectiva, 2007, p. 62. Grifo nosso.

Em compensação, Rosenzweig influenciou decisivamente a filosofia levinasiana. O pensamento de Rosenzweig se distancia da filosofia de Hegel, corrige e supera o pensamento kantiano e introduz um novo sentido filosófico às categorias teológicas de criação-revelação-redenção. Isso seria de tal modo significativo que Levinas articulará sua filosofia transitando sobre as questões da ética e da religião. Mais precisamente, a influência do *filósofo judeu* permitirá tratar a filosofia como verdadeira religião ou ética.[7]

No ambiente europeu já figurava a tensão no período pré-guerra. Tratava-se de uma atmosfera profundamente constrangedora para a população judaica, pois, a lógica do poder utilizava a mídia e os livros para disseminar o antissemitismo pela Europa. Com a ascensão do partido nazista ao poder em 1933, Levinas reage posicionando-se contra a primazia da *cultura da razão,* que se mostrava como a maior fonte da barbárie. A lógica da tirania parecia a seus olhos, ligada à concepção de sujeito do idealismo transcendental e aliada à pretensão cognoscitiva da cultura ocidental.

Como resposta às contravenções do nacional-socialismo, Levinas publica *Algumas reflexões sobre a filosofia do hitlerismo,* em 1934. Nesse artigo mostra sua convicção a respeito de Heidegger e sua ontologia. O brilho e a admiração pelo filósofo que não partia da ciência exata como fonte de inteligibilidade e que inseriu uma nova via para a interrogação filosófica começam a ser ofuscados pela proximidade de Heidegger ao partido nazista. O grande impacto desse escrito aponta para uma convergência entre a *filosofia do hitlerismo* e a ontologia heideggeriana. Ora, uma filosofia que se volta em absoluto para a pergunta do sentido do Ser e reduz o humano a essa esfera é insuficiente para projetar-se sobre a questão e o sentido do humano. Sob esse foco, Levinas observa que Heidegger, ao se preocupar em tirar o Ser do esquecimento, gerou o esquecimento do Outro.

Ainda nesse período, publica *A evasão*, em 1936. Esse artigo, considerado propriamente filosófico, reflete a desconfiança em relação ao Ser e à necessidade de evasão. Não se trata, porém, de apresentar uma solução para a questão do Ser, mas de problematizar a estrutura do Ser puro e colocá-lo em xeque quanto ao ideal de felicidade e dignidade humana que ele prediz.

---

[7] Levinas introduz por sua conta uma distinção entre o significado do que ele denomina de "filósofo judeu" e "judeu filósofo". Na sua opinião o "único filósofo moderno do judaísmo" que merece o título de "filósofo judeu" é Rosenzweig. RIBEIRO JR, Nilo. *Sabedoria de amar: a ética no itinerário de Emmanuel Levinas.* São Paulo: Loyola, 2005, p. 34, nota 24. A "correspondência" entre ética e religião não é objeto de análise deste livro. Para uma ampla compreensão dessa relação pode-se conferir em: RIBEIRO JR, Nilo. *Sabedoria de amar: a ética no itinerário de Emmanuel Levinas.* São Paulo: Loyola, 2005; RIBEIRO JR, Nilo. *Sabedoria da paz: ética e teo-lógica em Emmanuel Levinas.* São Paulo: Loyola, 2008; BUCKS, René. *A Bíblia e a ética: a relação entre filosofia e a Sagrada Escritura na obra de Emmanuel Levinas.* São Paulo: Loyola, 1997.

No início da Segunda Guerra, em 1939, foi feito prisioneiro pelos alemães em Rennes durante a ocupação da França. Em seguida, foi transportado para a Alemanha onde permaneceu por quatro anos em um campo de prisioneiros (*stalag*) perto de Hannover. Durante o cativeiro leu as obras de Hegel, Proust, Rousseau e Diderot. Levinas também manteve contato com Paul Ricoeur e Mikel Dufrenne, igualmente mantidos em cativeiro na Alemanha.

No cárcere, começa a germinar *Da existência ao existente,* precisamente o primeiro livro filosófico, publicado em 1946. Mais do que retornar ao questionamento proposto em *A evasão,* essa obra aprofunda e descreve o Ser em seu anonimato: o que o filósofo chama de *Il y a*. Trata-se da primeira investigação sobre a saída do Ser em direção ao evento ético. Além disso, refere-se à gênese da subjetividade e sua luta para evadir-se da esfera ontológica. Focaliza em seguida a entrada de outrem em cena como possibilidade do evento ético. Em outras palavras, em *Da existência ao existente*, são delineadas as primeiras considerações sobre um existente que se contrai no existir e fica exposto ao outro, inaugurando o que posteriormente se mostrará como o estatuto ético da subjetividade como *um-para-o-outro*.

Com o fim da guerra, os prisioneiros são libertados dos campos de concentração e Levinas retorna a Paris. No ano seguinte lhe é confiada à direção da Escola Normal Israelita de Paris. A *Shoah* e a vivência com outros judeus no cativeiro marcaram de tal modo sua vida que o conduziu a retomar, com maior vigor, os estudos e a escrita sobre o judaísmo.[8]

Além da dedicação aos escritos judaicos, Levinas dá sequência à sua investigação filosófica. Publica em 1947 *Le Temps et L'Autre*. Trata-se de quatro conferências que reforçam as premissas abordadas em *Da existência ao existente*. No ano seguinte, escreve *Descobrindo a existência com Husserl e Heidegger*. Os artigos e livros publicados entre 1929 a 1951 são considerados o primeiro período de desenvolvimento do pensamento levinasiano. Denominado de *período ontológico,* caracteriza-se, sobretudo, pela proposta de evasão do Ser, pelos estudos sobre a fenomenologia de Husserl e Heidegger e pelas primeiras produções sobre o judaísmo.

---

[8] Henri Nerson e M. Chouchani foram os amigos e mestres judeus de Levinas no período pós-guerra. Ao primeiro deve-se a introdução do filósofo ao judaísmo erudito. A Chouchani deve-se uma nova maneira de interpretar o Talmude, sem o viés dogmático ou teológico. Esse aprofundamento da tradição e da palavra hebraica será reflexo do grande volume de textos produzidos pelo filósofo sobre os temas judaicos. POIRIÉ, F. *Emmanuel Levinas: ensaio e entrevistas*. São Paulo: Perspectiva, 2007, p. 118.

A obra de Levinas pode ser abordada a partir de três momentos cronológicos: o primeiro período começa em 1929 e se encerra em 1951; o segundo período, que tem início em 1952 e vai até 1964; e finalmente o terceiro período, de 1965 a 1995. Entretanto, é possível ainda dividir as produções textuais do filósofo em três formas: a) escritos sobre os filósofos, também chamados de Nomes Próprios; b) escritos sobre o Judaísmo e Lições Talmúdicas; e c) escritos filosóficos pessoais.[9]

Os escritos pessoais do primeiro período, especialmente as obras *Da existência ao existente* e *Le Temps et L'Autre* insistem sobre o surgimento de um existente na existência contra o anonimato do existente no Ser. Trata-se da posição do sujeito frente ao Ser. Esse posicionamento é referido como hipóstase e será investigado a partir de elementos fenomenológicos como o cansaço, a preguiça e a insônia.

As produções filosóficas e os escritos sobre o judaísmo dos anos de 1952 a 1964 compõem o segundo período do pensamento levinasiano intitulado de *período metafísico*. É, contudo, em 1961 que Levinas publica *Totalidade e infinito*. Considerada como primeira grande obra leva a cabo a ruptura com o Ser deixando transparecer os primeiros momentos da gênese da subjetividade. Essa obra também expressa o início da relação com o *rosto* do outro e a sustentação da proposição de que *a ética é a filosofia primeira*. Nessa perspectiva, *Totalidade e infinito* insere a anterioridade e a primazia da ética sobre as questões ontológicas e gnosiológicas. Trata-se, portanto, não só de modificar a ordem de prioridade das questões, mas de contestar a totalidade do Ser e identificar "a metafísica ao pensamento da *Diferença* ou da *separação*".[10]

Pode-se dizer que *Totalidade e infinito* inaugura uma forma mais consistente do filosofar levinasiano, na medida em que o projeto filosófico do período metafísico mostrará a gênese da subjetividade a partir da sensibilidade do corpo. A análise fenomenológica da fruição, do trabalho e da representação evidenciará a corporeidade do sujeito como um modo de contração do

---

[9] RIBEIRO JR, Nilo. *Sabedoria de amar: a ética no itinerário de Emmanuel Levinas*. São Paulo: Loyola, 2005, pp. 18-24. Vale lembrar que outros autores propõem a divisão da obra levinasiana em quatro períodos. Segundo Márcio Luis Costa, o primeiro período compreende os anos de 1928 a 1930; o segundo corresponde aos anos de 1931 a 1960; o terceiro período vai de 1961 a 1973; e por fim, o quarto período compreendido entre 1974 a 1995. COSTA, Márcio Luis. *Levinas: uma introdução*. Petrópolis: Vozes, 2000, pp. 20-30. Entretanto, nesta investigação seguiremos o modo como Nilo Ribeiro Júnior adota a periodização da obra do autor.

[10] RIBEIRO JR, Nilo. *Sabedoria de amar: a ética no itinerário de Emmanuel Levinas*. São Paulo: Loyola, 2005, p. 23. Grifo nosso.

existente no existir anônimo do Ser. Trata-se da constituição da subjetividade do sujeito percebendo os alimentos, a significação do mundo, a sua casa e as primeiras formas de alteridade humana como ruptura de si mesmo.

O florescer da filosofia de Levinas surge no esforço para sair da ordem do *logos* tematizante propugnado pelo pensamento da totalidade. Em vista disso, o filósofo cria um estilo próprio para conceber o sentido do humano. Os escritos pessoais a partir do segundo período serão tecidos segundo o *método espiral*.[11] Em oposição ao método dialético, trata-se de uma articulação filosófica que se movimenta por meio dos diferentes interlocutores de Levinas, pelos ensaios sobre o judaísmo e por seus escritos filosóficos pessoais.

Esse método não prima por chegar a uma totalidade do saber e não segue uma sistematização, entendida no sentido corrente do termo. Ao percorrer as várias nuances textuais percebe-se que o acesso aos escritos filosóficos também pode ser feito através de atalhos (*raccourcis*), isto é, as abordagens filosóficas sobre a subjetividade, a alteridade e a ética, por exemplo, estão disseminadas e ligam-se às outras formas de escrita do autor. Dessa forma, o método também nos oferece um modo de leitura por pistas dessa filosofia nada convencional.

Dois acontecimentos históricos influenciaram decisivamente o terceiro período do pensamento levinasiano. O primeiro refere-se à Guerra dos Seis Dias, em 1967. O conflito entre israelenses e árabes reacendeu o sentimento de pertença do povo judeu acentuando e fortalecendo o valor do Estado de Israel. Entretanto, a repercussão da investida israelense surtirá maior efeito nos escritos sobre o judaísmo.

O segundo diz respeito ao movimento de maio de 68, na França. Os protestos do movimento estudantil insurgiram levantando a bandeira da liberdade e da revolução. Sob o ponto de vista de Levinas o movimento anarquista, de certa forma, expressa de maneira clara a contradição do humanismo. A reivindicação da liberdade sem limites se mostrou, principalmente no cenário europeu, como a plenitude de uma subjetividade centrada em si, escrava de sua própria razão e de suas obras. O outro homem era mais uma vez esquecido ou deixado à margem para vigorar a "filosofia" do *tudo que é possível é permitido*. Com esses parâmetros, "o humanismo produziu um ser desumanizado, assimilado pela desmedida da racionalidade técnica ou da racionalidade política".[12] Assim, revela-se o humanismo como a autêntica crise da subjetividade.

---

[11] *Ibid.*, pp. 18-24 e p. 119.

[12] RIBEIRO JR, N. *Sabedoria da paz: ética e teo-lógica em Emmanuel Levinas*. São Paulo: Loyola, 2008, p. 25.

Considerando como pano de fundo esses dois eventos históricos, será gestada a forma mais elaborada da filosofia levinasiana. Trata-se do *período ético* que concerne aos escritos de 1964 a 1995, ano da morte do autor. Sua principal obra *Autrement Qu'être ou Au-delà de L'essence,* publicada em 1974, sustenta o *desinteressamento* do Ser ao nível da linguagem. Trata-se de sair do registro do *dizer* do Ser, propugnado por Heidegger após a obra *Ser e tempo*, para deixar emergir o *dizer* ético. A partir da linguagem ética, Levinas retoma e leva ao extremo a constituição da subjetividade como sensibilidade. Afetada pela proximidade do outro, a subjetividade será percebida como vulnerabilidade e passividade. Exposta ao rosto/corpo do outro e destituída de poder do ser, a subjetividade será referida como maternidade na ética do amor sem *eros*. Na radicalidade da exposição ao outro, já afetado, sem reservas e sem mediações, o sujeito é levado a responder por outrem antes de responder por si. Trata-se, portanto, de conferir à subjetividade do sujeito o estatuto da sensibilidade ética que se mostrará como ponto fulcral na *substituição* por outrem, ou como *um-para-o-outro*.

A partir dessas considerações históricas e bibliográficas aponta-se o nosso horizonte investigativo: percorrer a gênese da subjetividade como chave ética para a relação com a alteridade. Para tanto, urge seguir os rastros do pensamento de Levinas que se tece, em primeira instância, a partir das considerações e críticas à concepção de subjetividade implícita em Husserl e Heidegger.

1.2. Diálogo crítico sobre a concepção de subjetividade em Husserl e Heidegger

É fundamental lembrar que as leituras de Husserl e de Heidegger passam pelo crivo da interpretação de Levinas. No método fenomenológico desenvolvido por Husserl encontra-se uma inestimável contribuição tanto para a ontologia heideggeriana quanto para o projeto ético levinasiano. A fenomenologia, segundo Levinas, importa mais pelo método do que pelo conteúdo propriamente dito. A partir da leitura levinasiana sobre o método fenomenológico será possível identificar as críticas que recaem sobre a concepção de intencionalidade de Husserl.

As críticas levinasianas também serão tecidas quanto à tentativa heideggeriana de eliminar a categoria de subjetividade da ontologia em vista do fortalecimento do *Dasein* (*ser-aí*) como compreensão do Ser. Portanto, urge traçar esse percurso, uma vez que as críticas de Levinas elucidam o anúncio da evasão do Ser como o primeiro passo para a reconstrução da subjetividade.

1.2.1. Subjetividade e intencionalidade

Na história da filosofia ocidental a palavra subjetividade deriva do termo *subjectum*. Esse termo foi traduzido como sujeito e significa precisamente "o que está por baixo".[13] Na concepção clássica, o conceito de sujeito foi referido pela metafísica aristotélica como um dos modos da substância.[14] Trata-se do sujeito como um objeto real sendo inerentes suas qualidades. Dessa maneira, o termo sujeito refere-se a um *suporte* que garante a si mesmo a realidade objetiva.

Essa concepção foi profundamente alterada pelo racionalismo cartesiano. Descartes introduz o conceito de *cogito* para exprimir a evidência que o sujeito tem de si enquanto pensante. Trata-se de afirmar *o pensamento enquanto pensamento* como fundamento da verdade lógica. O sujeito pensante é a fonte inabalável do pensamento e da realidade.[15]

A concepção cartesiana possibilitou o desenvolvimento do conceito de subjetividade como consciência ou o "eu". Essa reviravolta mostrou-se fértil no pensamento kantiano uma vez que ele atribui à subjetividade um caráter transcendental. Isso fortaleceu a concepção de sujeito como autoconsciência e atividade, isto é, o sentido de sujeito foi concebido como referência a si mesmo, capaz de refletir sobre si mesmo enquanto pensamento e ação.

De modo significativo, Hegel conduz o sentido de sujeito ao extremo da análise propondo como tarefa do pensamento pensar a si mesmo. Nessa operação, cabe ao sujeito a característica essencial de ser pensamento do pensamento. A concepção hegeliana, radicaliza a tradição filosófica quanto ao sentido de subjetividade como "eu puro" da reflexão centrando-o no pensamento da totalidade.

De forma diferente, Husserl propõe abandonar o solipsismo e deixar emergir o mundo dos fenômenos. Seu esforço se direciona na tentativa de superação da dualidade sujeito-objeto como reflexo do pensamento. Em vista disso, propõe o método fenomenológico. Na análise husserliana a consciência não é reduzida a uma realidade pura. Ela é dotada de sentido, e, por isso, visa e tende a qualquer coisa. Nesse sentido, o pensamento "enquanto pensamento

---

[13] FONTANIER, Jean-Michael. *Vocabulário latino da filosofia: de Cícero à Heidegger*. São Paulo: WMF Martins Fontes, 2007, pp. 121-122.

[14] ABBAGNANO, N. *Dicionário de filosofia*. 4ª ed. São Paulo: Martins Fontes, 2000, ARISTÓTELES. *Metafísica*. VII, 3, 1028b, 36, pp. 929-932.

[15] DESCARTES, R. *Meditações metafísicas*. São Paulo: Martins Fontes, 2000.

tem um sentido, isto é, pensa *alguma coisa"*.[16] Essa relação entre o pensamento do sujeito e aquilo que ele pensa foi denominada por Husserl de intencionalidade. Isso significa pensar o sentido daquilo que se pensa. A função da fenomenologia será, portanto, esclarecer o sentido do que é pensado.

Assim, a fenomenologia procura no sujeito o sentido das coisas com as quais ele se relaciona. Isso acontece pelo movimento de *voltar às coisas mesmas* para desvelar o sentido que aparece ao sujeito. "Ir às próprias coisas significa, antes do mais, não se limitar às palavras que visam apenas a um real ausente. [...] O regresso aos atos onde se revela a presença intuitiva das coisas é o verdadeiro regresso às coisas".[17] Essa constatação será essencial, na visão levinasiana, pois supera a concepção estática do pensamento lógico e objetivante voltado para o conhecimento e inaugura uma nova maneira de perceber o sentido das coisas. Desse modo,

> *a subjetividade não é abordada como um conteúdo da consciência, mas como uma* noese *que pensa alguma unidade objetiva, que a atinge em certa medida ou em certo sentido. [...] O objeto remete ao sujeito, não pelo seu conteúdo, pelo fato de ter este ou aquele sentido, mas pelo simples fato de ter um sentido.*[18]

Ao se colocar a questão sobre *como aparece o fenômeno no seu aparecer*, Husserl indica uma forma de desvelar a manifestação dos fenômenos enxergando-os não apenas como objetos passíveis de se conhecer. A fenomenologia ao refletir sobre o sentido da existência dos fenômenos considera que eles aparecem, mais propriamente, como acontecimento, evento.

Os fenômenos são eventos que imprimem uma marca na sensibilidade humana. Mostram-se, portanto, como um mundo de significações que interrompem a tematização *a priori* do real. Ao se sentir marcado, o sujeito atribui sentido e significado às coisas do mundo. Em Husserl trata-se, pois, não de um sujeito que se contrapõe a um objeto, mas de um sujeito que contém em si os objetos e está em relação com eles.

Na fenomenologia husserliana, o sujeito sente e se sente cercado, refém do mundo das significações. Com uma linguagem kerigmática, ele anuncia o fenômeno e proclama sua essência. Não lhe é permitido, porém, retirar-se

---

[16] LEVINAS, E. *Descobrindo a existência com Husserl e Heidegger*. Instituto Piaget, 1997, p. 20. Grifo do autor.

[17] LEVINAS, E. *Descobrindo a existência com Husserl e Heidegger*. Instituto Piaget, 1997, p. 140.

[18] *Ibid.*, pp. 15-16. Grifo do autor.

do mundo vivido, pois o sujeito compartilha das significações. Por isso, "na fenomenologia, para além do 'regresso às coisas', existe a *recusa de alguma vez se separar delas*".[19]

Segundo Levinas, o método husserliano considera que é fundamental para o processo filosófico suspender o juízo (*epoché*) para deixar emergir o mundo vivido. Assim, os fenômenos apareceriam antes de qualquer tentativa de tematização. Não obstante, a força da fenomenologia se apresenta no processo de descrição daquilo que aparece. Essa atitude é denominada redução eidética, isto é, na descrição retiram-se as características psicológicas e os traços existenciais do fenômeno para desmistificar a sua essência. Trata-se de um movimento da consciência que "não consiste em meditar sobre a definição dos fatos humanos, [...], mas volta-se para a *análise da intenção* que anima esses fatos".[20] Por intencionalidade entende-se a característica fundamental da consciência (*noese*)[21] que vê os objetos (*noema*) gerando o sentido e o significado dos fenômenos.

A partir da experiência do sujeito no mundo, os fenômenos não aparecem como dados factíveis e dispostos à teorização. Ao afetar o sujeito, eles elevam-se à categoria de sentido deixando transparecer o Ser que se revela nas coisas. De forma contundente, a análise levinasiana aponta uma crítica ao método fenomenológico husserliano, uma vez que se volta para a identificação entre existir e pensar.

> *A concepção fenomenológica da intencionalidade consiste, fundamentalmente, em identificar pensar e existir. A consciência não tem o pensamento como atributo essencial de algo que pensa, ela é, se assim se pode dizer, substancialmente pensada. A sua obra de ser consiste em pensar. [...] Quando Husserl nega que se possa dizer que a consciência existe em primeiro lugar e tende, em seguida, para o seu objeto – ele afirma, na realidade, que o próprio existir da consciência reside no pensar.*[22]

---

[19] LEVINAS, E. *Descobrindo a existência com Husserl e Heidegger*. Instituto Piaget, 1997, p. 114. Grifo nosso.

[20] *Ibid.*, p. 126. Grifo nosso.

[21] O sentido *noético* de intencionalidade vem da palavra grega *nous* que significa "sentido" e "intelecto". Porém, essa palavra *nous*, significa também "intencionalidade" e "forma" (*morphé*) porque é aquilo que dá forma aos dados sensíveis. BELLO, A. A. *Fenomenologia e ciências humanas: psicologia, história e religião*. São Paulo: EDUSC, 2004, p. 216.

[22] LEVINAS, E. *Descobrindo a existência com Husserl e Heidegger*. Instituto Piaget, 1997, pp. 121-122.

Pode-se dizer que a pergunta central de Husserl tira o objeto do esquecimento, e ao mesmo tempo, desvela o ser que existe por trás dos fenômenos. Ele se mostra diante da consciência em uma oscilação entre aparência e essência. Nesse sentido, aquilo que aparece não é exclusivo da sensibilidade e do corpo, mas se configura ainda presentificado em uma filosofia transcendental, pois o aparecer será capturado pela *consciência de*.

Entretanto, o foco da redução fenomenológica, na perspectiva levinasiana, não é a procura da verdade lógica da demonstração nem a confluência do sujeito empírico com o sujeito transcendental. Mas, sim, o sentido da sua presença no mundo. A redução fenomenológica é, pois,

> *uma operação pela qual o espírito suspende a validade da tese natural da existência para estudar o seu sentido no pensamento que a constituiu e que, ele próprio, já não é uma parte do mundo, mas anterior ao mundo. Voltando, assim, às primeiras evidências, encontro simultaneamente a origem e o alcance de todo o meu saber e o verdadeiro sentido da minha presença no mundo.*[23]

Para além da descrição dos fenômenos, Levinas julga ser essencial uma análise da intencionalidade da sensibilidade. "A sensibilidade marca o caráter subjetivo do sujeito, o próprio movimento de recuo em direção ao ponto de partida de qualquer acolhimento (e, nesse sentido, princípio), em direção ao *aqui* e *agora* a partir dos quais tudo se produz pela primeira vez."[24] Husserl já havia apontado para a análise da intencionalidade sensível como marca da fenomenologia. No entanto, na visão de Levinas, a sensibilidade para Husserl estaria ainda subjugada ao poder da consciência transcendental. Portanto, o sentido de sensibilidade para Levinas se diferenciará da maneira com que foi elaborada por Husserl.

Na perspectiva husserliana, a subjetividade é lançada no *aqui e agora* do tempo e se mostra como os primeiros traços da relação entre o sujeito e o Ser.

> *A* sensibilidade *está intimamente ligada à* consciência do tempo*: ela é o* presente *em torno do qual o Ser se orienta. O* tempo *não é concebido como uma forma do Mundo, nem sequer como uma forma de vida psicológica, mas como a* articulação da subjetividade.[25]

---

[23] LEVINAS, E. *Descobrindo a existência com Husserl e Heidegger*. Instituto Piaget, 1997, p. 48.

[24] *Ibid.*, p. 144. Grifo do autor.

[25] LEVINAS, E. *Descobrindo a existência com Husserl e Heidegger*. Instituto Piaget, 1997, p.144. Grifo nosso.

Todavia, a fenomenologia husserliana, ao expor a relação da sensibilidade com o tempo, reconduz a subjetividade ao primado da consciência. Dessa forma, o "eu" fenomenológico, temporalmente presente, circunscreve a intencionalidade sensível à intencionalidade teórica. Assim, remeter as ideias para uma *cabeça que pensa* é, sem mais, "cumprir a ligação do ser ao tempo, em Husserl".[26]

Na perspectiva levinasiana, a sensibilidade situa o sentido do mundo em relação a si. Mais que isso, ela se situa no mundo, se mantém a si mesma "como o *corpo* que *se mantém* sobre as pernas".[27] Trata-se de elevar a sensibilidade ao nível de *intencionalidade afetiva* retirando-a do papel de mero fato ou atributo. Segundo Levinas, o método fenomenológico confere a possibilidade de situar a sensibilidade como origem primeva da subjetividade.

De forma diversa, a análise levinasiana sobre o sentido do sujeito no mundo repercute sobre Heidegger na maneira como se insere a diferença entre Ser e ente. Segundo Levinas, competirá ao Ser, mesmo que implicitamente, sustentar a gênese da subjetividade do sujeito no pensamento ontológico.

1.2.2. A existência do Ser

Na história da filosofia moderna, a noção de sujeito se encontra arraigada na questão da relação sujeito/objeto. A partir do racionalismo cartesiano atribui-se à razão tanto a autoridade quanto a capacidade exclusiva de conhecer e sua força exerce domínio sobre a esfera do saber contrariando, assim, a posição empirista e se mostrando independente de qualquer intervenção dos sentimentos e das emoções. O sujeito, ancorado no modelo e na linguagem matemática, é referido como aquele que reflete e estabelece o primeiro ato de conhecimento: a distinção entre si e o objeto a ser conhecido.

De outra forma encontra-se no pensamento de Parmênides e na filosofia de Platão uma concepção de sujeito ancorada em bases ontológicas. Será a partir do retorno aos poetas[28] que Heidegger desenvolverá o fundamento

---

[26] *Ibid.*, p. 146.

[27] *Ibid.*, p. 145. Grifo nosso.

[28] "Heidegger pretendeu voltar aos pré-socráticos para fazer emergir o Ser escondido pelo ente. Em contrapartida, o filósofo lituano teve a pretensão de ir aos profetas aquém dos pré-socráticos para que assim se pudesse deixar emergir o *outro*, mais antigo que o Ser. [...] A tradição profética encontra-se expressa principalmente nos últimos escritos filosóficos e talmúdicos levinasianos". RIBEIRO JR, N. *Sabedoria da paz: ética e teo-lógica em Emmanuel Levinas*. São Paulo: Loyola, 2008, pp. 336-346. Grifo do autor.

ontológico da verdade do Ser em detrimento da categoria de subjetividade. Trata-se de ascender ao Ser, retirá-lo do esquecimento visando com isso compreendê-lo a partir de sua manifestação no *Dasein*. A leitura levinasiana sobre a questão ontológica de Heidegger aponta, sobretudo, para a noção de Ser e sua relação com o tempo. Diante disso, derivar-se-á a interpretação levinasiana sobre a concepção de subjetividade implícita no pensamento de Heidegger.

A questão basilar para a ontologia volta-se para a pergunta fundamental do significado do Ser. O que está em jogo, portanto, é a busca do fundamento ontológico do conhecimento e não sua fundamentação lógica. Na tentativa de responder "o que é ser?", a filosofia heideggeriana distingue aquilo que existe "o ente" daquilo que é "o ser do ente". Desse modo, "o que existe, o ente, cobre todos os objetos, todas as pessoas em certo sentido, e até Deus. *O ser do ente é o fato de todos esses objetos e todas essas pessoas serem*".[29]

Ora, é possível listar os atributos de um determinado ente para indicar precisamente aquilo o que ele é – animal, árvore ou água, por exemplo. De outra forma, o Ser não diz sobre si, o Ser significa esse "é". "Ele não se identifica com nenhum desses entes, nem com a ideia do ente em geral."[30] Pode-se dizer que o Ser é o verbo fundante que doa o sentido para os entes, mas, ao mesmo tempo, não se deixa esgotar neles. O Ser não é um ente, ele se mostra nos entes, mas escapa à tentativa de compreensão e de significação. Assim, ele se mostra como verbo do ente e não como abstração do sentido.

A originalidade de Heidegger, segundo Levinas, consiste em manter a distinção entre Ser e ente. Com a diferença ontológica é possível definir o ser do ente como "objeto" da ontologia. O que conta nessa análise é a manifestação do Ser que acontece nos entes. Em outras palavras, o ente já existe apoderando-se da existência do ser, ele se realiza e se ocupa do ser que lhe aparece. A explicitação dessa dinâmica se desvela na própria condição humana: o ser humano é o único capaz de compreender o Ser e essa *é a característica e o fato fundamental da existência humana*. Trata-se, contudo, de caracterizar o homem por sua capacidade de compreendê-lo. Isso mostra como "o próprio modo de ser do homem"[31] determina a sua existência. Levinas esclarece do seguinte modo o jogo entre essência e existência em Heidegger:

---

[29] LEVINAS, E. *Descobrindo a existência com Husserl e Heidegger*. Instituto Piaget, 1997, p. 72, Grifo nosso.

[30] *Ibid.*, p. 73.

[31] LEVINAS, E. *Descobrindo a existência com Husserl e Heidegger*. Instituto Piaget, 1997, pp. 74-75.

> *Certamente, se considerarmos o homem como um ente, a compreensão do ser constitui a sua essência. Mais precisamente – e aí está uma característica fundamental da filosofia heideggeriana – a essência do homem é, ao mesmo tempo, a sua existência. Aquilo que o homem é, é ao mesmo tempo, a sua maneira de ser, a sua maneira de existir, de se temporalizar.*[32]

Dessa maneira, encontra-se na existência do homem a inclusão de sua essência que aparece como os modos de existir do ser humano. Mas, para melhor esclarecer a confluência entre essência e existência, Heidegger distingue o ser das coisas inertes (*Daseineles*/ente deste mundo) do ser do homem (*Dasein*/ser aí). Entretanto, para Levinas, o homem por si não constitui o ponto central da ontologia. O interesse primevo da ontologia encontra-se no sentido do Ser em geral. "Mas *o ser em geral*, para ser *acessível*, deve *revelar-se* previamente."[33] O homem, portanto, é o ente por excelência no qual acontece essa manifestação.

Inicialmente, o homem se traduz pelo termo *Dasein*: ser deste mundo/ *ser aí*. Ele não é um ente qualquer ou um substantivo, na verdade o homem é verbo como o Ser, pois sua compreensão do ser é o Ser. O revelar-se do Ser se traduz no *Dasein* e disso resulta a capacidade do homem de compreender a si mesmo em sua totalidade. Trata-se de existir com vista a si promovendo a sua autorreferência e a sua autossuficiência.

Na perspectiva levinasiana, Heidegger, ao propugnar a compreensão do Ser determinando a existência do homem, desloca o problema do sujeito do conhecimento da filosofia moderna tentando suprimir a categoria de subjetividade da análise ontológica. Entretanto, Levinas considera que, o homem, compreendendo-se a si em sua totalidade através da revelação do Ser, deixa transparecer uma subjetividade como autocentramento subjacente à existência do Ser.

O *Dasein* está entregue e obrigado a ser. A partir dessa sujeição ele toma a existência do Ser como sua própria. Pode-se dizer que é através do Ser que se tece a possibilidade de filosofar sobre a existência do homem como temporalidade.

---

[32] *Ibid.*, p. 75. Grifo do autor.

[33] LEVINAS, E. *Descobrindo a existência com Husserl e Heidegger*. Instituto Piaget, 1997, p. 76. Grifo nosso.

1.2.3. Temporalidade e *Dasein*

No horizonte da ontologia, o pensamento heideggeriano considerará dois modos possíveis da existência do *Dasein*: a autenticidade e a inautenticidade. O modo próprio delineado como autenticidade configura o caráter da existência a partir de si e de suas possibilidades voltando-se para a verdade. Já a inautenticidade, se perfaz por um modo impróprio de ser encobrindo a realidade. Trata-se de viver na cotidianidade deixando-se envolver e se confundir com o impessoal. O modo inautêntico retrata as relações superficiais do *Dasein* com os outros entes, descaracteriza-o e desenraiza-o do seu ser próprio.

Diante desses dois modos de existência, o Ser que se revela ao *Dasein* aparece sob a forma de uma perturbação. Uma tensão interna no jogo da existência que, segundo Levinas, o *Dasein* experimenta colocando em risco a sua existência. "Compreender o ser é existir de maneira a *inquietar-se* com a sua própria existência. *Compreender é ficar inquieto*".[34] Esse desassossego advém de um modo de existência próprio do *Dasein* como *ser-no-mundo*.

Inicialmente, o mundo se apresenta como um ambiente permeado de objetos que se "oferecem à mão, convidam ao manuseamento. Em sentido lato, são *utensílios (Zeuge)*".[35] Na análise heideggeriana, os objetos não são simples coisas que se dão à percepção ou à contemplação. Não são considerados meros objetos do conhecimento. Segue-se que

> os utensílios são, pois, objetos que o Dasein *descobre por um modo determinado da sua existência: o manuseamento.* [...] *O manuseamento é, de alguma forma, a realização do seu ser. Ele não determina* aquilo *que eles são, mas a maneira como eles encontram o* Dasein, *como são.*[36]

A relação entre o *Dasein* e os utensílios, recorda Levinas, é referida como o modo de se manusear os objetos. E o ser que se revela nos utensílios é descrito como maneabilidade. O ponto basilar, no entanto, se deve ao fato de que a relação do *Dasein* com os objetos do mundo se desvela como um modo de compreensão. Os utensílios não existem simples e puramente, mas sempre em

---

[34] LEVINAS, E. *Descobrindo a existência com Husserl e Heidegger*. Instituto Piaget, 1997, p. 79. Grifo nosso.

[35] *Ibid.*, p. 80. Grifo do autor.

[36] *Ibid.*, p. 81. Grifo do autor.

referência a algo. Por exemplo: a caneta para escrever, a blusa para vestir. Mais do que manejar objetos, os utensílios abrem uma porta que situa o *Dasein* no mundo. "O *manuseamento* descreve a nossa *inerência* ao mundo como modelo e original e como condição da própria *revelação* do mundo a nós."[37]

A partir dessas referências é possível reconhecer a estrutura do próprio *Dasein*. Se os outros entes existem "com vista a" outra coisa, o *Dasein* é o único que tem como chave a referência a si mesmo. Assim,

> *o* Dasein *descobre essa estrutura por meio da sua própria existência. A existência do* Dasein *consiste em existir com vista* a si mesmo. *Isso quer dizer também que o* Dasein *compreende a sua existência. O* Dasein *compreende, pois, desde já, esse "com vista a si mesmo" que constitui a sua existência. É em relação a esse "com vista a" inicial que o "com vista a" dos utensílios, a sua maneabilidade, pode surgir ao* Dasein. *[...] O Mundo não é mais do que esse "com vista a si mesmo" em que o* Dasein *está integrado na sua existência e em relação ao qual se pode encontrar o manejável.*[38]

Por definição, o *Dasein* já se apresenta como existência no mundo se movendo em um círculo hermenêutico que se mostra como compreensão de si e aberto às suas possibilidades. Nesse caso, a existência do *Dasein* se constitui como *ser-no-mundo*. Pode-se dizer que *ser-no-mundo* abre a primeira dimensão de uma subjetividade ontológica situada no espaço. Constituída pelo Ser, a subjetividade em Heidegger prima por retornar a si, pois o *Dasein* é o lugar fundamental onde o Ser se desvela.

O ponto fundamental de *ser-no-mundo* se revela em uma dinâmica de possibilidades. Em sentido positivo, trata-se de escolher entre várias alternativas para constituir a existência. A leitura levinasiana esclarece que "as possibilidades são os modos da sua existência, pois, precisamente, *existir* para o homem é *apreender* ou não suas próprias possibilidades: uma *possibilidade fundamental do retorno sobre si mesmo*". Nesse sentido, "o homem é desde agora *lançado no meio* das suas possibilidades". O *Dasein* se caracteriza, portanto, em ser as suas possibilidades e nesse sentido "s*er as suas possibilidades é compreendê-las*".[39]

---

[37] LEVINAS, E. *Descobrindo a existência com Husserl e Heidegger*. Instituto Piaget, 1997, p. 82. Grifo nosso.

[38] *Ibid.*, p. 83. Grifo nosso.

[39] LEVINAS, E. *Descobrindo a existência com Husserl e Heidegger*. Instituto Piaget, 1997, pp. 85-87. O último grifo é do autor.

Diante disso, o *Dasein* escolhe em que se fixar. Ele pode voltar para si, como existência autêntica vivendo as inquietações inerentes ao seu modo de existir primevo ou ele pode dispersar-se na compreensão dos utensílios da vida cotidiana caracterizando-se como inautêntico. Entretanto, o *Dasein*, ao se ocupar e se preocupar com as relações secundárias da vida cotidiana, não deixa a existência. Apenas foge dela e não chega a atingir a verdade de sua personalidade. De outro modo, somente na compreensão autêntica de si que o *Dasein* "se compreende na sua possibilidade fundamental de *ser-no-mundo*".[40]

O *Dasein* se percebe lançado no mundo, abandonado e entregue a si. Levinas retoma de Heidegger o termo *Geworfenheit* como derrelicção, isto é, o fato de o *Dasein* ser lançado e se debater no meio das suas possibilidades e aí ser abandonado. Nesse estado, aponta-se a origem da afetividade na análise heideggeriana. "A *afetividade* não é um simples estado: ela é uma *maneira de existir*, isto é, *de se relacionar com o ser*."[41] Nesse sentido, a afetividade se caracteriza por meio da intenção sobre os objetos do mundo e por quem nos relacionamos. Sobre os objetos, dizemos objeto de prazer, dor, medo etc. No relacionamento intersubjetivo indicamos, por exemplo, se estamos alegres ou tristes com alguém. Dessa forma, a compreensão da existência se produz nos estados afetivos, uma vez que o Ser se exprime pela afetividade.

Entre as diversas disposições afetivas produzidas pelos modos de compreensão do *Dasein*, a angústia aparece como uma estrutura peculiar. Ela não se refere a um objeto do mundo nem a alguém. "O objeto angustiante não se encontra no interior do mundo, como 'qualquer coisa de ameaçador'. [...] *O objeto da angústia permanece totalmente indeterminado*."[42] Pode-se dizer que o objeto da angústia é o próprio nada. Na angústia revela-se a inquietação do *Dasein*. Trata-se do fato de ser lançado no mundo, de se projetar como possibilidade ou de cair na cotidianidade. Mais precisamente, a queda indica a imersão na existência inautêntica dos objetos do mundo, a volta do *Dasein* à vida cotidiana, um modo de esconder-se da angústia.

Como ser de angústia, o *Dasein* tem a possibilidade de ser indiferente aos utensílios do mundo. A partir desse posicionamento, a angústia reconduz o *Dasein* ao seu isolamento fornecendo a possibilidade de compreender-se de maneira autêntica. Desse modo, a angústia delineia a preocupação do *Dasein* com a sua existência, posicionando-o frente às suas inquietações existenciais.

---

[40] *Ibid.*, p. 88.

[41] *Ibid.*, p. 105. Grifo nosso.

[42] *Ibid.*, p. 93. Grifo nosso.

> A angústia, compreensão da unidade das estruturas de Dasein, é também o ser para a morte. Ela é a precipitação para a possibilidade do nada. Nela, o Dasein compreende-se a partir de si mesmo e, por conseguinte, é livre. Mas a sua liberdade é uma liberdade para a morte. Só a morte torna possível a sua liberdade ou a sua autenticidade. [...] A finitude da existência humana é, pois, a condição dessa existência.[43]

É a partir da existência autêntica como compreensão de si e de suas possibilidades, situado no mundo, que o *Dasein* inquieta-se com a sua finitude. No entanto, as estruturas até aqui analisadas não comportam a totalidade de sua existência. A completude de *ser-no-mundo* só será realizada quando percebida a existência do *Dasein* enquanto *ser-para-a-morte*.

As palavras de Levinas sobre essa questão apontam que a morte é a própria condição da existência como cuidado (*Sorge*). Enquanto ser de possibilidades, o *Dasein* relaciona-se com os objetos da vida comum a fim de realizar empreendimentos. Diferentemente, "a relação ontológica da existência com a sua possibilidade de existir não poderia, pois, ter essa estrutura [...]". A relação da possibilidade enquanto possibilidade mostra-se como um "*precipitar-se antecipadamente na possibilidade* [...]". Isso quer dizer que para o *Dasein* constituir-se como verdade autêntica algo intrínseco às suas possibilidades deve ser afastado de sua realização. Ora, uma possibilidade que deve ser afastada é a morte, pois, enquanto possibilidade não dá "à realidade humana nada para realizar, nada que possa existir enquanto qualquer coisa de real".[44] A morte como possibilidade extrema não passa da possibilidade da própria impossibilidade da existência.

Na relação de *ser-para-a-morte*, contudo, encontra-se a autenticidade fulcral do *Dasein*, pois ninguém pode substituí-lo na morte. Pensada dessa forma, a morte não se refere ao comportamento humano diante do fim da vida. É, antes, uma maneira de assumir a sua existência já existindo nela, já compreendendo-a. Na existência autêntica do *ser-para-a-morte* é revelada, segundo Levinas, outro ponto fundamental da subjetividade ontológica. A existência autêntica do *Dasein* depende da configuração do tempo para se constituir como horizonte de finitude e transcendência, como compreensão de si e de suas possibilidades na esfera do Ser.

---

[43] LEVINAS, E. *Descobrindo a existência com Husserl e Heidegger*. Instituto Piaget, 1997, p. 108. Grifo nosso.

[44] LEVINAS, E. *Descobrindo a existência com Husserl e Heidegger*. Instituto Piaget, 1997, p. 107. Grifo do autor.

Sob o horizonte da morte pressupõe-se que o *Dasein* pode voltar-se a si e enxergar o seu modo de existir autêntico. Dessa maneira, ele pode antecipar-se ao futuro. "O futuro é aqui a condição da relação com a possibilidade. O *Dasein* não seria um poder ser se ele não fosse, desde já, futuro [...]." Como ser de possibilidades o *Dasein,* ao se projetar para o futuro, assume um passado. Trata-se do fato de ter sido lançado no mundo, "[...] pelo 'ter sido', a possibilidade de existir é uma possibilidade desde já assumida".[45]

Ao retornar ao passado, compreendendo o seu abandono, o *Dasein* se vê capaz de apegar-se ao instante. A saída para as coisas, isto é, a preocupação com a banalidade da vida cotidiana marca, assim, a permanência no presente. Entretanto, o tempo presente oferece certa ambiguidade, pois imerso na preocupação com os utensílios, o *Dasein* pode outra vez sair da inautenticidade projetando-se para o futuro. Assim, a compreensão de si a partir do futuro como *ser-para-morte*, resgata o passado e retorna para o presente da vivência do homem como modo de reflexão sobre o tempo e sua situação no mundo. Dessa forma, o *Dasein* se mostra no tempo, ou melhor, ele é temporalidade.

O fato de assumir a existência existindo no mundo é a expressão mais clara da inquietação do *Dasein*. Trata-se de uma tensão que é produzida pela relação entre o ente por excelência e o Ser. Uma dinâmica que deixa transparecer o tempo original. "*Esse tempo* não é, portanto, por sua vez, uma espécie de existência ou uma forma de existente – ele *é o próprio movimento, o dinamismo dessa relação do ente com o ser.*"[46]

A partir disso, pode-se notar que o *Dasein*, na sua maior expressão de ser para a morte, é tempo. Não se refere, no entanto, ao eterno, mas à finitude. Dessa forma, a finitude "conterá o próprio princípio da subjetividade do sujeito".[47] Trata-se da resposta heideggeriana ao problema do sujeito do conhecimento da filosofia moderna. Em outras palavras, Heidegger devolve ao sujeito o domínio de seu próprio destino, uma vez que a estrutura do *Dasein* é constituída sob a perspectiva do tempo finito visando à compreensão de si e do ser que se manifesta no humano.

---

[45] *Ibid.*, p. 109. Pode-se também dizer que as estruturas existenciais do *Dasein* (*ser-lançado, ser-no-mundo,* a queda e *ser-para-a-morte*) configuram a concepção de tempo na análise heideggeriana. Elas compõem respectivamente as expressões *ser-além-de-si,* ter sido no mundo, ser junto das coisas.

[46] LEVINAS, E. *Descobrindo a existência com Husserl e Heidegger.* Instituto Piaget, 1997, p. 110. Grifo nosso. Eis porque Heidegger não diz de si que é, mas que se temporaliza.

[47] *Ibid.*, p. 79. Grifo nosso.

A partir da análise de Levinas sobre a ontologia heideggeriana e dos pontos levantados nesse primeiro momento, pode-se pontuar duas questões fundamentais de debate entre os filósofos: a concepção de temporalidade e a constituição da subjetividade. Importa frisar que Heidegger exerceu grande influência sobre o pensamento de Levinas, embora o filósofo lituano, ao reconhecer sua admiração por *Sein und Zeit,* não se abstenha das críticas ao primado ontológico.

Assim, observa-se que a análise levinasiana repercutirá sobre Heidegger no que tange à finitude do tempo. Esse é o fio condutor que estabelecerá a crítica ou a diferença de abordagem sobre a condição da subjetividade do sujeito em relação ao pensamento de Heidegger. Trata-se, portanto, da relação entre a subjetividade e a morte.

1.2.4. O *ser-para-a-morte* como mal de ser

O procedimento fenomenológico assegura que para compreendermos o sentido de um objeto devemos analisar o acesso a ele, pois o próprio acesso configura-se como sua existência. Trata-se de uma reflexão sobre as coisas que leva ao esclarecimento tanto da intencionalidade da consciência quanto dos objetos que se mostram a ela, a partir dos quais se produzirá o sentido.

Entretanto, para Levinas, o método fenomenológico empregado por Heidegger parece ir além da lição aprendida com Husserl. Inicialmente, "não se trata de descrever a natureza humana, a consciência ou o sujeito, mas *o acontecimento ontológico da verdade* que o homem constitui".[48] Isso significa que o real interesse de Heidegger volta-se para o Ser como o verdadeiro horizonte da existência. No entanto, para alcançar tal verdade o homem é tratado como ente, por excelência, capaz de conduzir ao acesso ao Ser.

Heidegger concentrará seus esforços na relação que o homem mantém com o Ser, pois já se diz como a própria existência do homem. Ou seja, na relação do homem com o Ser, onde se dá o acesso ao Ser, acontece a confluência entre Ser e homem. Acontece a revelação do Ser no homem, *Dasein*. Nessa confluência, a subjetividade aparece implicitamente, pois, trata-se da constituição ontológica da verdade da existência do homem nas malhas do Ser.

No artigo *Da descrição à existência,* publicado em *Descobrindo a existência com Husserl e Heidegger,* Levinas debruça-se sobre a diferença do método fenomenológico em relação à postura lógica da razão presente nas correntes

---

[48] LEVINAS, E. *Descobrindo a existência com Husserl e Heidegger.* Instituto Piaget, 1997, p. 116. Grifo nosso.

filosóficas do idealismo e do realismo. Analisa também a concepção de existência em Heidegger, apresentando a passagem do método fenomenológico de Husserl a Heidegger. Na perspectiva levinasiana, Heidegger, ao se questionar sobre o estatuto do Ser, redimensiona a investigação fenomenológica no que concerne à noção de existência. Essa será pensada como intenção.

Tem-se, contudo, na transitividade e na finitude, as características principais que determinam a subjetividade em relação a Heidegger. Por finitude compreende-se o homem no horizonte da morte, uma tentativa de descrever a finitude sem a referência ao Infinito. No que se refere à transitividade, pode-se pensar a existência como acontecimento, como algo que se realiza, como verbo. Dessa maneira,

> *o verbo existir ganha aqui, de alguma forma, um sentido ativo. Poder-se-ia, talvez, dizer que toda a filosofia de Heidegger consiste em considerar o verbo existir como transitivo. E é à descrição dessa transição – dessa transcendência – que é, em suma, consagrada toda a sua obra.*[49]

Em Heidegger, a existência enquanto intenção recebe um sentido peculiar. Enquanto *ser-no-mundo* e ser de possibilidades, o *Dasein* existe transcendendo, isto é, relaciona-se com os outros entes direcionando-se para o Ser, pois, existir para o homem significa transcender. "A existência é uma transcendência, não em virtude de uma propriedade de que ela seria dotada ou revestida; o seu existir consiste em transcender."[50] Ao definir a existência do homem como compreensão do Ser, Heidegger leva a compreensão da intencionalidade ao limite. A intenção última da existência enquanto transcendência seria, então, a apreensão do significado do Ser em geral, do Ser como verbo.

Diferentemente de Husserl, que entende a intencionalidade da consciência como uma volta para o objeto identificando nesse retorno pensar e existir, o pensamento de Heidegger se recusa a essa identificação. Para Heidegger, "existir é compreender a existência",[51] mas é uma compreensão que não é pensamento e sim oposta a ele. Entretanto, Levinas parece enxergar na concepção heideggeriana da existência uma forma de "poder", como se existir consistisse em poder ser.

---

[49] LEVINAS, E. *Descobrindo a existência com Husserl e Heidegger.* Instituto Piaget, 1997, p. 101.

[50] *Ibid.*, p. 124.

[51] *Ibid.*, p. 117, grifo nosso e p. 126, grifo nosso: "Existência *oposta* a pensamento – significa precisamente essa compreensão do ser do ente".

Nesse sentido, a relação do homem com o Ser "não é uma *tomada de consciência*, uma constatação pura e simples daquilo que *é*, constatação capaz de aferir o nosso poder sobre nós mesmos, *essa compreensão é o próprio dinamismo da existência, é esse poder sobre si*".[52] Assim, no entender de Levinas,

> apreender é [...] colocar-se perante novas possibilidades de ser. É sempre "ter de ser". A relação com os seus poder-ser que caracteriza a existência humana é, pois, o fato de ser exposto à aventura de ser, ter de a seguir. Existir é preocupar-se com a existência, existir é inquietar-se com a existência. Nessa inquietação, a existência humana, esboça, desde já, o horizonte do ser em geral, do ser verbo, único em questão nessa inquietação: ela esboça-o precisamente porque ele não é um conceito, mas aquilo que temos de assumir [...].[53]

No pensamento heideggeriano, o *Dasein* encontra-se situado no mundo se relacionando com o Ser e com suas próprias possibilidades de existência. Diante disso, Levinas afirma que o *Dasein* tem um poder sobre a própria existência. Esse poder indica um outro elemento da intencionalidade da existência: a finitude. Ao estar abandonado no mundo, o *Dasein* projeta-se para além de si como forma de assumir sua existência. Ele se movimenta em um processo de visualizar suas possibilidades e compreendê-las. O fato de ter sido desde já lançado no mundo e a possibilidade de se projetar sob o horizonte da morte marcam, portanto, o caráter de finitude da existência.

Portanto, a característica mais forte e marcante da relação do homem com a existência é o poder, o poder de morrer. "*O poder que não é um pensamento – é a morte*. O poder de ser finito é o de morrer. Sem a transitividade para a morte, a filosofia da existência teria voltado fatalmente a uma filosofia do pensamento."[54]

Na intencionalidade, a finitude liga-se à transcendência. Pode-se dizer, em última instância, que a transcendência da existência situa-se em direção à morte. Isso é, existir no horizonte da morte é compreender sua possibilidade mais excepcional: *a possibilidade da impossibilidade do Dasein*. Diante disso, a finitude "significa, em suma, que ao nos inscrevermos no ser inscrevemo-nos no nada. A finitude está no plano da relação do ser que nós somos com o ser enquanto verbo. É a finitude que é a condição da nossa transcendência".[55]

---

[52] *Ibid.*, p. 86. Grifo do autor.

[53] *Ibid.*, pp. 99-100.

[54] LEVINAS, E. *Descobrindo a existência com Husserl e Heidegger*. Instituto Piaget, 1997, p. 127. Grifo do autor.

[55] *Ibid.*, p. 111.

Nota-se, contudo, que a fenomenologia para Heidegger ultrapassa a descrição dos fenômenos. Em Heidegger tem-se a descoberta do tempo original: o futuro como tempo finito é o acontecimento fulcral da existência. Trata-se da projeção que o *Dasein* faz para além de si. Nesse sentido, a transcendência encontra seu sentido na compreensão da morte. De todo modo, na revelação do Ser evidencia-se a assunção da subjetividade.

> *A subjetividade, a própria dimensão do subjetivo, é como que suscitada pelo ser para que se possa cumprir aquilo que se inscreve na revelação do ser, no esplendor da* physis *onde o ser existe de verdade. [...] O horizonte implicado na intencionalidade não é, pois, o contexto ainda vagamente pensado do objeto, mas a* situação *do sujeito. Essa potencialidade essencial da intenção anuncia um sujeito em situação ou, como dirá Heidegger, no mundo.*[56]

A partir da abordagem da subjetividade em Husserl e Heidegger, Levinas articula suas críticas aos mestres da fenomenologia. Não se trata de adequar *noese* (intencionalidade) e *noema* (objeto pensado) a toda a realidade como o fez Husserl, reduzindo tudo à *consciência de*. Também não se trata de desvelar o aparecer do Ser remetendo-o à compreensão. O que Levinas se propõe a fazer através da análise intencional é ir além de Husserl e de Heidegger na procura pela gênese da constituição da subjetividade e onde essa assumirá outras características.

Husserl havia mostrado que o sentido dos fenômenos não é dado *a priori*, mas se constitui em relação à consciência, tende a ela. Heidegger, por sua vez, afirmara que o sentido está além da consciência, encontra-se na revelação do Ser, ou seja, na relação do ente com o Ser. Levinas reconhece que tanto Husserl quanto Heidegger foram essenciais para o avanço na procura pelo sentido, mas, por outro lado, considera que inevitavelmente seus antecessores continuavam atribuindo ao pensamento teórico (totalidade) toda a primazia do sentido e do conhecimento, e, consequentemente, gerando um forte impacto sobre o problema da subjetividade.

A investigação levinasiana interrompe a relação cara a Heidegger – ser/ente – para centrar-se *aquém* da consciência e do Ser. Para tanto, utilizar-se-á do método fenomenológico para mostrar como acontece o transbordamento do sentido quando referido apenas à representação e à compreensão. Diante disso, Levinas apresentará a intencionalidade da sensibilidade como o ponto

---

[56] *Ibid.*, p. 160. Grifo do autor.

fulcral que confere à subjetividade a sua própria originalidade. Uma origem que não é dada ou revelada pelo Ser, mas que aparece a partir do posicionamento do sujeito frente ao Ser. Desse modo, a subjetividade do sujeito não será suscitada pelo Ser, mas pelo outro.

Nos escritos filosóficos do primeiro período, as severas críticas levinasianas repercutem sobre o projeto heideggeriano. O filósofo lituano visualiza no Ser a própria desumanização do sentido, equiparando-o ao "mal de ser".[57] Pode-se afirmar que pelo menos duas considerações indicam esse mal.

A primeira trata-se do "atolamento" que o Ser impõe ao *Dasein*, isto é, o *Dasein* é obrigado a ser e o fato de compreendê-lo é visto como o fato fundamental de sua existência. Ele se apresenta tão imerso no Ser que sua recusa chega a ser impossível. Observa-se, assim, uma relação em que o *Dasein* possui o Ser e o Ser o domina. O *Dasein*, então, assume a sua identidade/existência no Ser, refere-se a si mesmo e mostra-se como autossuficiente na sua plenitude de ser. Nesse sentido, reside a identidade do *Dasein* em Heidegger, bastando-se sem depender de nada para ser.

Diante da identificação que o "eu" assume de si no Ser, Levinas ressalta a imensa solidão da qual não há como o *Dasein* escapar. Por outras palavras, ao fazer referência a si, o sujeito encontra-se em sua solidão de ser. Ele mantém-se recluso em si, sem possibilidade de abertura, está preso a si mesmo. Desse modo,

> *estou completamente só; é, portanto, **o** ser em mim, o fato de eu existir, o meu existir, que constitui o elemento absolutamente intransitivo, algo sem intencionalidade, sem relação. Tudo se pode trocar entre os seres, exceto o existir. Nesse sentido,* ser é isolar-se pelo existir. *Sou mônada enquanto existo. É pelo existir que sou sem portas nem janelas, e não por qualquer conteúdo em mim que seria incomunicável. Se é incomunicável, é porque está enraizado no meu ser, que é o que há de mais privado em mim.*[58]

A segunda consideração refere-se à impessoalidade do Ser. Na visão de Levinas, o Ser na filosofia de Heidegger é sem palavras, neutro. Ele não é generosidade doadora de sentido, mas indiferente. O *Dasein,* ao estar lançado na existência, não é amparado pelo Ser. Ao contrário, projeta-se para a morte, imerso no sentimento de angústia. Ademais, o Ser, na sua obra de existir e de se firmar no horizonte da morte, suspende qualquer tentativa de aproximação do outro.

---

[57] LEVINAS, E. *Da existência ao existente*. Campinas: Papirus, 1998, p. 23.

[58] LEVINAS, E. *Ética e infinito*. Lisboa: Edições 70, 1988, p. 51. Grifo nosso. LEVINAS, E. *Le Temps et L'Autre*. 5ª ed. Paris: Fata Morgana, 1994, p. 21.

Para Levinas, o outro não se configura como um "outro eu". Não se trata da identificação do outro como aquele com quem o sujeito encontra-se lado a lado no mundo. O outro é, antes, exterioridade absoluta que não se deixa apreender. Como a morte, o outro é uma alteridade, encontra-se em outra ordem que não perpetua no Ser.

Com efeito, a alteridade traz um tempo que rompe com o cronológico e com o tempo da existência ontológica. Enquanto em Heidegger o tempo original advém do futuro como possibilidade e destaca-se na finitude de *ser-para-a-morte*, em Levinas, o tempo, inicialmente referido à alteridade da morte, não se compraz como angústia ou aniquilação do nada. O tempo, nesse sentido, é, para Levinas, ter tempo para adiar a morte.[59] Diante disso, o outro como alteridade também absoluta inaugurará um outro tempo anunciando um *passado imemorial*. Um tempo além do ser, *de outro modo que ser*.

Enfim, uma vez já elencadas duas críticas de Levinas à ontologia heideggeriana, passamos à análise da necessidade de evasão do Ser para posteriormente esclarecer como se origina a subjetividade enquanto sensibilidade fruitiva.

1.3. O anonimato do Ser

As primeiras críticas levinasianas à compreensão do Ser forneceram as bases para evidenciar seu distanciamento em relação ao primado ontológico. A análise a respeito do Ser mostrar-se-á como uma crítica sobre a esfera da compreensão que submete a subjetividade ao isolamento do sentido ontológico. A ótica do Ser é condição de anonimato e impessoalidade. Diante do campo gravitacional da existência, a subjetividade está exposta ao Ser, logo, é fundamental explicitar a sua necessidade de evasão. Logo, esse percurso se valerá dos elementos fenomenológicos trabalhados por Levinas os quais darão margem para o movimento de antropogênese da subjetividade.

1.3.1. *Il y a*

Nos escritos filosóficos do primeiro período, Levinas serve-se da linguagem ontológica para descrever o movimento de evasão do Ser. As conferências reunidas em *Le Temps et L'Autre*, não rechaçam de antemão as análises ontológicas.

---

[59] LEVINAS, E. *Totalidade e infinito*. Lisboa: Edições 70, 2000, p. 210.

Trata-se antes, de uma análise que parte da solidão do existente preso às malhas do Ser até as primeiras elaborações da relação do sujeito com a alteridade como noção primeva de tempo. Pode-se perceber, assim, que Levinas quer apresentar "a *solidão* como uma categoria do ser, (para) mostrar o seu lugar em uma dialética do ser ou antes (já que a dialética tem um sentido mais determinado) *o lugar da solidão na economia geral do ser*".[60]

A solidão aparece, sob a influência heideggeriana, como a forma mesma do existente existir. O existente existindo no Ser está só. Ele não é um outro e não participa da existência do outro. "Nesse sentido, *ser é isolar-se, pelo existir.* [...] O existir se nega a qualquer relação, a qualquer multiplicidade. O existir não diz respeito a mais ninguém do que ao existente."[61] Nesse aspecto, o elemento que constitui o existir de um ente não é intercambiável, não permite relação ou intencionalidade. O ente se vê, então, enraizado em seu próprio ser. Trata-se de uma solidão que aponta para um lugar em que o sujeito encontra-se sem portas nem janelas, voltando-se para si como mônada. Uma solidão que não remete apenas ao isolamento do sujeito, mas mostra-se "como unidade indissolúvel entre o existente e a sua obra de existir".[62]

A leitura levinasiana de Heidegger constata que, na distinção entre existir e existente, esse último encontra-se jogado ou lançado na existência. No entanto, esse abandono refere-se à incapacidade do existente de possuir sua própria existência, remetendo à ideia de um existir sem sujeito. Esse existir sem existente, Levinas denomina de *Il y a*. Não se trata da abundância ou generosidade do *es gibt* heideggeriano. Mas, do Ser em sua impessoalidade e anonimato, isto é, o existir puro o qual não permite ser abarcado em sua verbalidade. Pode-se dizer que o existir impessoal possui um "campo de forças" ao não permitir que o existente assuma a existência anônima sobre si. Ao mesmo tempo, ele exerce uma "força de atração" em relação aos entes, pois, o Ser, ao se impor como existência, domina os existentes sob uma espécie de vigilância. Dessa forma, mantém o existente exposto ao Ser.

Disso resulta não apenas uma distinção, mas uma separação radical entre o existir e o existente. Diante disso, Levinas chegará até mesmo a assumir que "*o existir não existe. Quem existe é o existente*".[63] A força dessa afirmação reside, sobretudo, no modo como o filósofo lituano apresenta sua filosofia.

---

[60] LEVINAS, E. *Le Temps et L'Autre*. 5ª ed. Paris: Fata Morgana, 1994, p. 17. Grifo nosso. Todas as citações da obra *Le Temps et L'Autre* neste livro foram traduzidas por nós para o português.

[61] *Ibid.*, 1994, p. 21. Grifo nosso.

[62] *Ibid.*, p. 22. A obra de existir é cuidar do ser que se diz no *Dasein*.

[63] LEVINAS, E. *Le Temps et L'Autre*. 5ª ed. Paris: Fata Morgana, 1994, p. 24. Grifo nosso.

Na tentativa de evadir-se da ontologia, ele não se conecta de antemão a uma consciência autorreflexiva. Ao contrário, encontra os fenômenos também produzidos pelo corpo para reafirmar a possibilidade de evasão. A partir desse movimento florescerá uma nova forma de perceber a subjetividade humana.

O caminho fenomenológico percorrido para se aproximar da concepção de Ser anônimo e impessoal indica a figuração do *Il y a* como insônia e como noite. *Da existência ao existente* concebe a noite como a própria experiência do *Il y a*. Ela invade o espaço das coisas e do sujeito dissolvendo suas formas na presença silenciosa da escuridão. Não se trata de um mero vazio ou do puro nada, mas do próprio fato de que *não há "alguma coisa"*, não há um conteúdo a se identificar. Entretanto, a escuridão se faz presente pela forma impessoal e anônima do *há* como: "chove", "faz calor" ou "é noite".[64] Esse movimento noturno indica o horror do *silêncio sussurrante* do Ser. Levinas recorre a esses termos para esclarecer como pode ser visualizada a experiência desse horror. Por exemplo, "a criança sente o silêncio do seu quarto de dormir como sussurrante [...] – ou quando se ouve o silêncio torturante do há – [...] ao aproximarmos do ouvido uma concha vazia, como se o vazio estivesse cheio, como se o silêncio fosse um barulho".[65]

A partir do mal do ser, Levinas evoca o horror de uma existência sem saída. Uma situação em que as coisas e o sujeito são privados de suas particularidades ao se perderem no anonimato. Portanto, o *Il y a* como elemento disforme, indeterminado e anônimo se mostra em tom de ameaça e insegurança para o sujeito. Assim, "é *impossível*, diante dessa invasão obscura, *envolver-se em si mesmo*, fechar-se em seu casulo. *Está-se exposto*".[66] Trata-se de uma exposição total ao Ser em que o sujeito é despersonalizado, isto é, "o sujeito é *despojado de sua subjetividade, de seu poder de existência privada*".[67] O sujeito está à mercê do Ser e é atraído por uma existência que não lhe pertence, e, que mesmo assim, ela o prende em uma loucura que o impossibilita de se ausentar.

No entanto, o filósofo não aproxima o horror que o Ser impessoal impõe ao sujeito à concepção de angústia da morte em Heidegger. "O nada puro da angústia heideggeriana não constitui o *há*."[68] Nesse ponto, Levinas sublinha que, na ontologia, visar à morte é visar ao nada. Justifica-se, portanto, que o

---

[64] LEVINAS, E. *Da existência ao existente*. Campinas: Papirus, 1998, p. 68. LEVINAS, E. *Ética e infinito*. Lisboa: Edições 70, 1988, p. 40.

[65] LEVINAS, E. *Ética e infinito*. Lisboa: Edições 70, 1988, pp. 39-40. Grifo nosso.

[66] LEVINAS, E. *Da existência ao existente*. Campinas: Papirus, 1998, p. 69. Grifo nosso.

[67] *Ibid.*, p. 71. Grifo nosso.

[68] *Ibid.*, p. 73. Grifo do autor.

Dasein no horizonte da angústia do *ser-para-a-morte* tem a possibilidade de se lançar na existência para constituir uma existência autêntica, um sentido no Ser. A possibilidade de uma existência autêntica seria a âncora da filosofia heideggeriana frente ao problema da morte, a *possibilidade da impossibilidade*.

Levinas, porém, não compartilha dessa concepção. Ao contrário, sugere uma inversão sobre o problema da morte. A partir de sua alteridade, ela se erige como a *"impossibilidade de qualquer possibilidade"*.[69] E o ser impessoal é esse horror que impossibilita a saída da existência até pela morte. A morte está em outro âmbito do que o Ser e o sujeito. Ela é *ab*-soluta, e ao se aproximar impossibilita o sujeito de qualquer atitude ou domínio.

O horror do *há* é, antes, um medo de ser sem identidade, acoplado e integrado ao domínio do Ser que absorve a consciência do sujeito deixando-o constantemente em estado de vigília. Essa, porém, se mostra ambivalente. Indica uma situação no Ser em que não há sujeito, pois,

> *a vigília é anônima: não há* minha *vigília da noite, na insônia – é a própria noite que vela. Vela-se. [...] Assim, introduzimos no acontecimento impessoal do* há *não a noção da consciência, mas a vigília, da qual a consciência participa ao mesmo tempo em que se afirma como consciência – precisamente porque ela nada faz senão participar dela. A consciência é uma parte da vigília, isto é, ela já a rompeu.*[70]

Assim, a consciência participa de alguma forma da vigília e espera o momento para suspender o Ser antes da extinção inevitável na qual se afunda o sujeito. Porém, o sentido de consciência em Levinas não remete à consciência reflexiva, mas à "consciência sensível" como corpo. Trata-se do corpo sentindo a si mesmo, percebendo a possibilidade de suspender o domínio do *há*. Ao dormir, o corpo interrompe a neutralidade do ser para assumi-lo, participando e tornando-se um modo de ser.

A descrição fenomenológica, portanto, revela o movimento realizado pelo corpo, referindo-se ao sono como um modo de o sujeito posicionar-se frente à esfera do Ser. Em sua análise, Levinas também evoca o cansaço e a preguiça como elementos que configuram as primeiras contrações do existente na existência. O cansaço além

---

[69] LEVINAS, E. *Descobrindo a existência com Husserl e Heidegger*. Instituto Piaget, 1997, pp. 107-108.

[70] LEVINAS, E. *Da existência ao existente*. Campinas: Papirus, 1998, p. 80. Grifo do autor.

do torpor físico é cansaço de si ou do que "se" é. "Cansar-se, é cansar-se de ser."[71] O corpo imerso no cansaço físico mostra uma impossibilidade de continuar engajado na existência. Ao descansar, portanto, o corpo marca o distanciamento do Ser, uma contração do existente no interior da existência anônima do *há*.

A preguiça também suspende o domínio do *há*. Ela não é repouso nem ociosidade. Trata-se antes, de se reportar ao começo como preguiça de existir. Ela é uma hesitação diante do ser, um recuo diante da possibilidade de agir. Desse modo, a preguiça se mostra como uma aversão à impessoalidade do *há* e se recusa à inscrição no futuro do ser.

No intuito de distinguir os termos sujeito e subjetividade, consideramos sujeito como aquele que se opõe à impessoalidade do Ser. Portanto, o sujeito realiza o movimento de posição frente ao Ser, isto é, o movimento de antropogênese na hipóstase. No entanto, na tentativa de evadir-se do Ser vislumbra-se na corporeidade do sujeito a primeira margem da subjetividade como sensibilidade fruitiva ou hipostasiada. Entretanto, na filosofia levinasiana, a subjetividade como sensibilidade se constituirá efetivamente a partir da relação com a alteridade humana. A partir do contato com o outro – que será abordado ao longo deste livro – se tornarão evidentes as características e os desdobramentos da constituição da subjetividade do sujeito como sensibilidade ética.

Com efeito, é o corpo que faz o movimento de *posição* frente ao Ser. "Seria necessária a *posição* de um sujeito para que *o instante pudesse fazer irrupção no ser*, para que se interrompesse essa insônia que é como a própria eternidade do ser."[72] A partir desses elementos – sono, cansaço e preguiça – se configurarão os primeiros recuos do existente na existência. A *posição* do corpo levará, inicialmente, a um "intervalo" na esfera do ser, *um descanso de ser*. É fundamental destacar que a saída da existência anônima do *Il y a* será produzida pela *hipóstase* como um movimento de afirmação do sujeito para fora do Ser, um movimento de separação entre o existente e a existência. Mas, que não configura ainda a subjetividade como tal.

Sob o domínio do Ser anônimo, o sujeito retorna a si, preocupa-se consigo mesmo em sua solidão de existir. A solidão já é um indício do isolamento no Ser, da separação. Ao se referir ao sujeito separado da economia geral do Ser, Levinas descreve a fruição como o primeiro movimento de separação realizado pela subjetividade enquanto corpo.

---

[71] *Ibid.*, p. 37. Grifo nosso.

[72] LEVINAS, E. *Da existência ao existente*. Campinas: Papirus, 1998, p. 80. Grifo nosso.

Como acontece e como perceber o movimento de separação? É preciso, pois, fazer uma descrição do mundo e do sujeito no mundo. Segundo Levinas, as coisas de que vivemos não são meros meios para alcançar uma finalidade. As coisas do mundo são fins em si: goza-se ou sofre-se ao relacionar-se com elas. Dessa maneira,

> *a* fruição *de uma coisa – mesmo tratando-se de uma ferramenta – não consiste apenas em por essa coisa em relação com o uso para que foi fabricada – a pena para a escrita, o martelo para o prego –, mas também em* sofrer *ou* alegrar-se *com esse exercício.*[73]

Assim, todos os objetos se oferecem à fruição. O humano ao "viver de" alguma coisa vive fruindo, isto é, descobre e entra em contato com as coisas inserindo uma relação de prazer ou dor. Por isso, estar no mundo é, em primeiro lugar, estar *preso às coisas* e estabelecer com elas uma *intenção*.

Em *Da existência ao existente*, a noção de intenção escapa à preocupação ontológica e supera a concepção husserliana. Não se trata mais da relação da consciência que visa aos objetos para alcançar o significado do mundo e de si. Em Levinas, a relação do sujeito com o mundo é geradora do desejo fruitivo como primeira marca de sentido para a vida. As coisas não são conhecidas pela atividade cognitiva, e sim se tornam claras enquanto desejadas.

Ora, um sujeito que se preocupa de imediato com o seu desejo e busca a sua satisfação mostra uma relação direta, sem segundas intenções, com o mundo. "O mundo é o que nos é dado. A expressão é admiravelmente precisa: o *dado*, certamente, não vem de nós; *nós o recebemos*. Já tem uma face pela qual ele é o termo de uma *intenção*."[74]

Essa relação marcante do desejo fruitivo como intenção sincera de satisfação não remete à preocupação com o existir. Ao contrário, os objetos do desejo humano constituem a existência mesma. Por isso, "desejando, não me preocupo em ser, mas estou *absorvido pelo desejável*, por um objeto que amortecerá totalmente o meu desejo".[75]

Por conseguinte, o desejo de fruir do mundo comporta uma separação entre o sujeito e o desejável. Por meio dessa cisão será possível a descrição da hipóstase.

---

[73] LEVINAS, E. *Totalidade e infinito*. Lisboa: Edições 70, 2000, p. 117. Grifo nosso.
[74] LEVINAS, E. *Da existência ao existente*. Campinas: Papirus, 1998, p. 43. Grifo nosso.
[75] *Ibid.*, pp. 41-42. Grifo nosso.

Deve-se ainda frisar que o outro humano não é identificado como uma coisa do mundo. Portanto, a relação do sujeito com o outro será marcada – conforme se observará no segundo capítulo deste livro – pelo desejo metafísico e não meramente fruitivo.

1.4. Hipóstase: a constituição da identidade

A partir da análise fenomenológica do existente em relação ao anonimato e à impessoalidade do existir – ora exposto – será possível perceber o movimento de *excendência* do Ser para configurar uma subjetividade *hipostasiada*. Com o objetivo, de aprofundar algumas dimensões fundamentais da subjetividade enquanto corpo que frui e abre-se como sensibilidade, nosso foco de análise, nesse momento, se voltará especialmente para a obra *Totalidade e infinito*.

1.4.1. Subjetividade e fruição

Totalidade e infinito retoma e aprofunda a descrição do sujeito no mundo a fim de contrapô-lo ao existente ou ao *Dasein*. As análises desdobram sobre o viés do *gozo*, ou *viver de*. A intenção sincera que se estabelece entre o sujeito e o mundo é da ordem da sensibilidade como fruição. Assim, "a relação primeira ao mundo é de gozo e de alegria de viver [...] gozo que comporta também a surpresa, o perigo e a dor".[76]

Viver de fruição indica um sujeito que se coloca insistentemente em relação com conteúdos vividos. "A vida é afetividade e sentimento. *Viver é fruir da vida.*"[77] Nessa relação, a vida e as coisas de que vivemos também se oferecem à fruição. De certa forma, os conteúdos vividos ajustam-se às necessidades do vivente e ele se anima ao sentir-se satisfeito. Assim, ao consumir o que lhe é oferecido pelo mundo, o sujeito se mostra no gozo como um "fruir sem utilidade, em pura perda, gratuitamente, sem remeter para mais nada, em puro dispêndio – eis o humano".[78]

---

[76] SUSIN, L. C. *O homem messiânico: uma introdução ao pensamento de Emmanuel Levinas*. Porto Alegre: Escola Superior de Teologia São Lourenço de Brindes, 1984, p. 35. Grifo do autor.

[77] LEVINAS, E. *Totalidade e infinito*. Lisboa: Edições 70, 2000, p. 100. Grifo nosso.

[78] *Ibid.*, p. 118. Grifo nosso.

No entanto, não se deve confundir essa vivência com a relação epistemológica, isto é, a fruição não se dá, em primeira instância, a um ato de conhecimento implícito à relação sujeito/objeto. Seria um equívoco também referir-se aos conteúdos vividos como meros objetos de representação. Pode-se dizer que, ao viver de fruição, "vivemos na consciência da consciência, mas essa consciência da consciência não é reflexão. Não é saber, mas prazer e, como diremos em seguida, o próprio egoísmo da vida" [...] "aquilo que faço e aquilo que sou é, ao mesmo tempo, aquilo *de que* vivo".[79]

Aquilo do que o sujeito frui, a comida, o trabalho, o sono, a leitura etc. pode ser tido como alimentação. Trata-se de conteúdos vividos que alimentam e dão graça à vida. Assim, fruir das coisas do mundo move, em certo sentido, a vida tingindo-a de ocupação e divertimento, de prazer e de dor.

O fato de o sujeito sentir sua dor e até se desesperar com ela não é visto pelo filósofo de modo negativo ou pejorativo. A dor é de certa forma também alimento e vive-se com ela. "A *dor*, longe de pôr em questão a vida sensível, coloca-se nos seus horizontes e *refere-se à alegria de viver.*"[80] A fome mostra que o sujeito carece de algo que não pode encontrar em si. Entretanto, o sofrimento causado pela "falta" pode ser apaziguado ao encontrar a satisfação nos alimentos. De todo modo, a dor e o sofrimento permeiam a vida indicando ao mesmo tempo a solidão do sujeito e o *amor da vida*.

> *O amor da vida não se assemelha ao cuidado de ser, que se reduziria à inteligência do ser ou à ontologia. O* amor da vida *não ama o ser, mas a* felicidade *no ser. A vida amada é a própria* fruição *da vida, o* contentamento *já saboreado na recusa que eu lhe oponho, contentamento recusado em nome do próprio contentamento. Relação da vida com a vida, o amor da vida não é nem uma representação da vida, nem uma reflexão sobre a vida.*[81]

O homem é feliz na "falta". Encontra a felicidade na satisfação de todas as necessidades e não na sua ausência. Reforça-se, então, o caráter de que "a *felicidade é realização:* está em uma alma satisfeita e não em uma que tenha extirpado as suas necessidades, alma castrada."[82] Sendo pessoal, ela mostra a (re)tomada do gosto de viver, a realização do sujeito no mundo. Dessa forma, "a relação última é fruição, *felicidade*".[83]

---

[79] LEVINAS, E. *Totalidade e infinito*. Lisboa: Edições 70, 2000, p. 98. Grifo do autor.

[80] *Ibid.*, p. 129. Grifo nosso.

[81] *Ibid.*, p. 129. Grifo nosso.

[82] *Ibid.*, p. 101. Grifo nosso.

[83] *Ibid.*, p. 98. Grifo do autor.

A fruição aparece inicialmente como comida. A boca tem um lugar primordial, na descrição fenomenológica. Como o primeiro movimento do recém-nascido que se lança para buscar o leite materno, o sujeito, ao comer, não faz apenas um movimento intencional. Ele sorve o alimento, saboreia, degusta, confunde-se com o alvo de sua fome. Sente-se feliz ao gozar do pão, da água, do leite. Fruindo, o sujeito ganha consistência, transforma a energia dos alimentos em sua energia.

Ademais, a estrutura da alimentação trazida pelo gozo não se reduz à lógica científica da comida nem às sensações e aos sentidos. Na verdade, a alimentação excede a realidade do ato de comer.

> *Comer não se reduz ao conjunto de sensações gustativas, olfativas, cinésicas e outras que constituiriam a consciência do ato de comer. A mordedura nas coisas que, por excelência, o ato de comer comporta, regula o excedente da realidade do alimento sobre toda a realidade representada, excedente que não é quantitativo, mas que é a maneira como o* eu*, começo absoluto, se encontra suspenso no* não eu.[84]

Com efeito, a alimentação é a maneira como o sujeito, que se mostra como corpo gozante, afirma a exterioridade das coisas do mundo. Ao fruir, o sujeito sai de si para fruir o mundo percebendo sua diferença, mas acaba retornando a si como afirmação de si pela satisfação. Isso quer dizer que o sujeito se sobrepõe à alteridade do mundo englobando-a ao prazer e ao gozo para se realizar. Trata-se do "surgimento de si a partir da fruição".[85]

Nesse movimento, o sujeito se mantém revigorado. Indica, portanto, que sua preocupação em saciar-se é a marca do próprio *desinteresse* do homem. Levinas utiliza esse termo para demarcar a saída da esfera do ser – *des*-inter-*esse*. O sujeito se preocupa agora com seu corpo, sua fome, sua satisfação.

Ao sentir a sua necessidade e satisfazê-la, o sujeito se contrai e interrompe a totalidade do Ser. Trata-se de uma subjetividade *hipostasiada* que se *posiciona* frente ao Ser conferindo a si mesma suas propriedades inalienáveis. A *hipóstase,* portanto, surge para garantir a unicidade do sujeito separando-o e distinguindo-o do Ser. Desse modo, esse movimento não permite que a subjetividade seja englobada pela ontologia. Trata-se, pois, de um movimento interno que se mostra como antropogênese, isto é, é a própria gênese do humano que encontra sentido e origem no existente.

---

[84] LEVINAS, E. *Totalidade e infinito*. Lisboa: Edições 70, 2000, p. 113. Grifo nosso.
[85] *Ibid.*, p. 104. Grifo nosso.

> *Tornamo-nos sujeitos do ser, não assumindo o ser, mas gozando da* felicidade, *pela interiorização da fruição que é também uma exaltação, um "acima do ser". O ente é "autônomo" em relação ao ser. Não indica uma participação no ser, mas a felicidade. O ente por excelência é o homem.*[86]

O corpo requer atenção, cuidado, alimento e vida, assim, marca a preocupação consigo, afastando-se e separando-se do Ser para perceber-se em si e para si. Afinal, "a suficiência do *fruir* marca o egoísmo ou a ipseidade do Ego e do Mesmo. A fruição é uma retirada para si, uma involução".[87]

A fruição mostra-se também como prazer, isto é, como egoísmo de um corpo que goza de um mundo que se oferece e que está aqui para ser vivido. Nesse sentido, o sujeito assimila as coisas pelo gozo, remetendo-as para si mesmo. E, ao sentir gozando ou sofrendo, o sujeito deixa transparecer seu egoísmo, mostra-se cheio de si, bastando-se. Mas, segundo Levinas, esse egoísmo não é pejorativo, não vem carregado de negatividade. Pelo contrário, é próprio da subjetividade do sujeito como relação para a vida, defesa e proteção de si mesmo. Assim, a subjetividade do sujeito enquanto corpo/fruição se mostra em uma esfera egóica, lutando pela felicidade, satisfazendo suas carências e necessidades sem eliminá-las.

Não obstante sua riqueza, a fruição traz consigo um paradoxo. Trata-se da *dependência* quanto ao conteúdo da fruição e a *independência* referente à felicidade do corpo como realização para/na vida. Como exemplo de *dependência* podem-se citar as coisas que são indispensáveis para a manutenção da vida como a água, a comida, o sol e as coisas que trazem prazer como ver uma paisagem, sentir o vento, apreciar uma obra de arte. Enfim, é necessário que haja coisas a fim de que o corpo possa gozar, e, dessa maneira, tornar-se feliz no contentamento.

Já a *independência* se perfaz fora da dualidade causa/efeito e meios/fins. Ela só é possível pelo corpo. Melhor. Trata-se do próprio corpo como o modo de gozar a vida. Em outras palavras, a subjetividade do sujeito enquanto sensibilidade corpórea faz da dependência dos conteúdos uma independência do corpo voltando-se para a capacidade de fruir e manipular os conteúdos vividos. O corpo transforma o que ora era dependência em soberania, "em felicidade essencialmente egoísta".[88]

---

[86] LEVINAS, E. *Totalidade e infinito*. Lisboa: Edições 70, 2000, p. 104. Grifo nosso.

[87] *Ibid.*, p. 104. Grifo do autor.

[88] LEVINAS, E. *Totalidade e infinito*. Lisboa: Edições 70, 2000, p. 100. Grifo nosso.

A partir da *independência* do corpo eleva-se uma dimensão fundamental da subjetividade do sujeito: a *sensibilidade* enquanto corpo voltado para a fruição. De toda forma, essa passagem é imprescindível, pois será a partir dela que se poderá vislumbrar a sensibilidade em caráter ético.

1.4.2. Subjetividade e sensibilidade

Como força *independente* de um corpo que se posiciona no mundo para dele deleitar, "*a subjetividade* tem *sua origem na independência e na soberania da fruição*".[89] A força dessa afirmação reside na concepção de corpo subjacente ao pensamento levinasiano.

O meu corpo é a marca e a localização de minha sensibilidade. É o corpo que goza sentindo-se prazeroso ou sofrível. Trata-se de uma relação primeira, ou melhor, de uma coincidência consigo mesmo. Um sujeito que sente sentindo-se, marca e mostra a textura da realidade, sem, contudo, sucumbir ao viés da pura tematização. Dessa maneira, o corpo, percebendo a si mesmo, indicará que as formulações conceituais sobre a felicidade e o padecimento encontrar-se-ão em outro nível de investigação.

A sensibilidade, portanto, deve ser descrita "não como um momento da representação, mas como o próprio *ato da fruição*".[90] Antes de toda tentativa em definir os objetos do mundo e a si mesma, a subjetividade enquanto sensibilidade se diz fruindo sem fundamentar, imediatez da fruição. A subjetividade como sensibilidade fruitiva mostra-se como corpo nu e indigente, exposto ao mundo e a si que alegra-se ao viver. Sinceridade mesma da sensibilidade que, ao estar em contato com o mundo, absorve-o contentando-se com os objetos dados.

Embora a fruição se constitua como posição frente ao Ser, Levinas retorna a Husserl a fim de introduzir a sensibilidade como elemento imprescindível da intencionalidade do corpo. Na filosofia levinasiana, a sensibilidade não é constitutiva da esfera da experiência, mas é da ordem da fruição. Nesse sentido, a sensibilidade contesta a concepção husserliana ancorada na intencionalidade teorética como fonte de sentido. Em Husserl, a sensibilidade está a serviço da representação culminando na objetivação do real para, assim, alcançar a significação do mundo.

---

[89] *Ibid.*, p. 99. Grifo nosso.
[90] *Ibid.*, p. 120. Grifo nosso.

Segundo Levinas, a consciência husserliana volta-se para o fato de a subjetividade reencontrar-se em si e esgotar o sentido da exterioridade. "Ser inteligível é ser representado e, por isso mesmo, ser *a priori*. Reduzir uma realidade ao seu conteúdo pensado é reduzi-la ao *Mesmo*."[91] Torna-se, então, um risco eminente, pois, no modelo da representação, tudo é determinado, reduzido e englobado pelo sujeito reflexivo. Uma via sem saída que impossibilita vislumbrar a exterioridade como tal, isto é, como *oferecimento*. Nesse sistema, a subjetividade se coloca como "dona do mundo das representações", mas também corre o risco de tornar-se mais um mero objeto do conhecimento. Mais. Como *consciência de,* a subjetividade permanecer presa nas malhas do Ser.

De toda forma, apenas com a imediatez da fruição não seria possível ressignificar o mundo e traduzir o homem por completo. Faz parte do humano representar e definir o mundo a sua volta. Na leitura levinasiana, essa atividade é pontuada a partir de um "acontecimento novo à fruição".[92] Antes de representar, o corpo frui. Seu relacionamento com as coisas não é meramente objetal porque vai além ao focalizar a relação gozante e prazerosa com o mundo. O corpo sente a fruição imediata, mas é ele também que se retira da imediatez do contato distanciando-se do mundo para perceber o sentido. Nesse movimento, a linguagem é colocada como "estrutura primeira" que realiza a significação inserindo identidade às coisas. Dessa forma, as coisas se fixam pela palavra e pela tematização sendo possível fazer um discurso sobre o mundo.

> *O mundo da percepção é, portanto, onde as coisas têm uma identidade e é visível que a subsistência do mundo só é possível pela memória. A identidade das pessoas e a continuidade dos seus trabalhos projetam sobre as coisas a grelha onde se encontram as coisas idênticas. Uma terra habitada pelos homens dotados de linguagem povoa-se de coisas estáveis.* [93]

No regime da intencionalidade sensível não se trata de uma relação de coisas entre coisas, nem da relação sujeito-objeto. A intencionalidade sensível indica que há um corpo que frui e uma exterioridade em relação a ele que são

---

[91] *Ibid.*, p. 111. Grifo nosso.
[92] LEVINAS, E. *Totalidade e infinito*. Lisboa: Edições 70, 2000, p. 123. Grifo nosso.
[93] *Ibid.*, p. 123.

anteriores ao "eu reflexivo". O corpo é a carne, a própria sensibilidade que expressa na linguagem do contato a possibilidade de estar em relação. A subjetividade como fruição consiste, pois, em ater-se à exterioridade, isto é, opor-se corporalmente permanecendo em sua morada. Por isso,

> Sentir é precisamente contentar-se sinceramente com o que é sentido, fruir, recusar-se aos prolongamentos inconscientes, ser sem pensamentos, quer dizer, sem segundas intenções, sem equívoco, romper com todas as implicações – manter-se em sua casa.[94]

Pode-se dizer que Levinas elege a intencionalidade do corpo sensível a fim de apresentar os primeiros passos da constituição da subjetividade a partir do posicionamento do sujeito frente ao Ser. O processo de representação das coisas é visível como um modo em que o sujeito se separa do mundo barrando, de certa maneira, o gozo incessante. Mas, no movimento da tematização pela linguagem existe o risco iminente do retorno ao anonimato do *há*.

Com efeito, a intencionalidade da fruição contesta a primazia do Ser e da *consciência de*, mudando o sentido da relação e das coisas do mundo. O mundo é ao mesmo tempo exterioridade do alimento e mesmidade. Essa assimilação do mundo não se deve ao *instante incondicionado do pensamento*, mas ao egoísmo do sujeito. Com sua fome e sede, na *satisfação da necessidade*, o sujeito utiliza suas mãos para trabalhar e possuir retirando o caráter estranho do mundo. Assim, o sujeito produzirá a sua casa na qual a subjetividade se destacará como interioridade.

1.4.3. Subjetividade e interioridade

A separação desvendada por Levinas não é assegurada por uma cisão em um sistema de pensamentos e também não é apenas uma ruptura na lógica do Ser. Esse esforço para descrever o movimento da separação esclarece e fortifica "a existência em si de um ser autóctone"[95] ao propugnar que "a fruição é a própria produção de um ser que *nasce*, que rompe a eternidade tranquila de sua existência seminal ou uterina, para se encerrar em uma pessoa, que, vivendo do mundo, vive em sua casa".[96]

---

[94] LEVINAS, E. *Totalidade e infinito*. Lisboa: Edições 70, 2000, p. 122. Grifo nosso.
[95] LEVINAS, E. *Totalidade e infinito*. Lisboa: Edições 70, 2000, p. 101. Grifo nosso.
[96] *Ibid.*, p. 131. Grifo do autor.

Assim, não basta à subjetividade do sujeito o frenesi da fruição e nem a tomada de consciência dos objetos. A vibração do gozo como confusão com aquilo que se goza e seu distanciamento do mundo como demarcação externa a si mostram ao sujeito uma preocupação com o futuro. Uma insegurança que não elimina o gozo fundamental da vida, mas assusta devido à probabilidade de faltar o pão à mesa.

Na instabilidade do devir acontece um adiamento da fruição, do gozo imediato pela boca. Emerge, então, uma outra característica fenomenológica da subjetividade como sensibilidade fruitiva. Além de sentir degustando e deglutindo a comida, o sujeito agora se sente fazendo e construindo algo para si. O sujeito se subjetiva no trabalho. As mãos que modelam a matéria remetem, fenomenologicamente, à posse. Pelas mãos, o sujeito sente se fazendo pelo trabalho desencadeando uma fruição de outro modo que configurará sua habitação.

A relação que se estabelece com o mundo sob a ótica do trabalho faz nascer uma nova relação que Levinas denomina de econômica. Para se prevenir da incerteza do amanhã, o humano constrói sua casa e abriga-se nela. Na segurança do seu lar ele tece planos e reconforta-se. Poderá também se proteger das intempéries do mundo. O trabalho, portanto, é um modo da fruição. A partir da relação do corpo com o trabalho, o sujeito pode transformar o mundo em busca de outras realizações.

A interioridade da casa só é possível na extraterritorialidade do Ser. Ao fazer a sua morada, o sujeito continua cuidando de si, se protege e se mantém vivendo antes de representar. Esse recolhimento indica a autossuficiência do sujeito em relação ao mundo configurando uma independência econômica. Um "eu" feliz e satisfeito na fruição do gozo e na segurança de sua propriedade. Mais propriamente, o sujeito se sente como unicidade, pois cria sua identidade perante aquilo que goza ou sofre. Ressalta-se que ninguém pode substituí-lo em sua sensibilidade. O sujeito se mostra único e total diante de suas próprias carências e satisfações. Ele é único porque só ele sente a sua dor e o seu gozo.

Na morada, o sujeito se fecha ao Ser e se recolhe em seu egoísmo reforçando sua identidade. Nessa reclusão eclode a subjetividade enquanto interioridade, provocada pela fruição e posse, determinando que "a felicidade é um princípio de individuação, que, em si, só se concebe a partir do interior, pela interioridade. [...] E a interioridade da fruição é a separação em si".[97]

---

[97] LEVINAS, E. *Totalidade e infinito*. Lisboa: Edições 70, 2000, p. 131.

Entretanto, a concepção de interioridade se vale de uma ambiguidade. Deve estar, a um tempo, aberta ou fechada. Fechada, fortifica a felicidade do sujeito, pois se encontra seguro em sua morada. "Mas é preciso, por outro lado, que *na própria interioridade* que a fruição escava, se produza uma heteronomia que incite a um outro destino diverso da complacência animal em si."[98] Isto é, ao se abrir, a interioridade do sujeito entra em contato com algo diferente de si. Uma exterioridade que não é o mundo, que não poderá ser reduzida à sua morada. Trata-se da alteridade que trará consigo a dimensão do tempo.

1.5. Subjetividade e temporalidade

Ao posicionar-se frente ao Ser, o sujeito se mostra como corpo e fruição. Ele cria sua interioridade pelo movimento da hipóstase. No entanto, ele permanece em sua solidão de existir preso aos instantes de seu gozo e de sua dor. Portanto, faz-se urgente esclarecer o acontecimento proveniente da exterioridade como abertura a um outro tempo que não o do Ser e que constitui a subjetividade como um modo de ser. A partir de tudo o que foi dito do sujeito que se subjetiva na evasão, será possível notar a constituição da subjetividade na relação com a alteridade através da dimensão da temporalidade.

1.5.1. Abertura a outrem

O sujeito separa-se do Ser ao se afirmar como corpo que frui. Ele consegue se desligar da vigília impessoal do *há* como possibilidade de dormir. Assim, posiciona-se frente ao Ser para exercer um domínio sobre o seu existir. Esse movimento caracteriza-se, sobretudo, por um *começo*. Trata-se da *temporalidade* enquanto presente. O sujeito se vê imerso no instante contínuo do presente. Não se trata, porém, de uma sucessão de instantes que se volta para a percepção da continuidade temporal.

Na fruição incessante não há tempo para o futuro, apenas o instante como um começo que se destaca do Ser. Vivendo o presente, o sujeito retorna inevitavelmente a si, percebendo a impossibilidade de se separar de si. No presente, instante por excelência, percebe-se a relação viril do sujeito consigo.

---

[98] *Ibid.*, p. 132. Grifo do autor.

Entretanto, em Levinas, o tempo propriamente dito só será constituído a partir da relação do sujeito com outrem. Apenas algo diferente do sujeito, vindo de outra ordem que não a do Ser, poderá fazer frente ao instante incondicionado da fruição.

Com efeito, esse outrem, que vem abalar o presente instaurado pelo sujeito, é a morte. Por ela entra-se em relação com o mistério, com o *absolutamente outro*, algo que traz o caráter mesmo da alteridade. Em relação ao presente, a morte é absolutamente outra. Ela é desde já futuro. Não é o sujeito imerso no presente que se lança em direção ao futuro da morte. Ao contrário, é a morte enquanto futuro e em sua imprevisibilidade que se aproxima do sujeito para retirá-lo do instante. No entanto, na relação com a morte, o sujeito é incapaz de dominá-la e de assumi-la. Trata-se de uma relação de *passividade* em que a subjetividade do sujeito se coloca em espera e inquieta-se em relação ao desconhecido. De acordo com Levinas:

> *A minha morte vem em um instante sobre o qual, sob nenhuma forma, posso exercer o meu poder. [...] A morte é uma ameaça que se* aproxima *de mim como um mistério; o seu segredo determina-a – ela aproxima-se sem poder ser assumida, de maneira que o tempo que me separa da minha morte, ao mesmo tempo diminui e não deixa de diminuir, comporta como que um último intervalo que a minha consciência não pode transpor... [...] O medo para o meu ser que é a minha relação com a morte não é, portanto, medo do nada, mas* medo da violência *(e assim ela se prolonga em medo de outrem, do* absolutamente imprevisível*).*[99]

Destarte, a morte não pode ser identificada com o nada. Ela é inapreensível e incognoscível. Por seu caráter imprevisível, ela não se oferece ao sujeito e não se encontra em um lugar, não se contém em um horizonte. Sua aproximação e ameaça advém dessa alteridade absoluta que se retira e não se deixa abarcar. Na relação com a morte o sujeito encontra-se exposto à violência absoluta.

De certa forma, a morte retira o sujeito de sua solidão e do peso de ser, mas essa aproximação traz em si o risco da aniquilação. Ao se anunciar, a morte "insere" na subjetividade do sujeito a temporalidade, isto é, coloca-o em relação com a alteridade. Disso resulta não só a alienação da vontade do sujeito – pois ele não pode assumi-la – como também mostra-a como algo da ordem do interpessoal. Isso significa dizer que a morte tem a estrutura de uma relação ao outro, chega como *vontade estranha*, "como se a aproximação da

---

[99] LEVINAS, E. *Totalidade e infinito*. Lisboa: Edições 70, 2000, pp. 213-214. Grifo nosso.

morte continuasse a ser uma das modalidades da relação com Outrem".[100] No entanto, a morte se caracteriza por aniquilar o sujeito, tira-o a vida, mas ela mesma não perde sua significação.

Diante disso, urge anunciar uma relação que preserve o sujeito e que, ao mesmo tempo, faça uma cisão no presente ocasionando a abertura do tempo. Outrem é quem vem trazer o tempo futuro. Não se trata, porém, da alteridade da morte, mas da alteridade humana. O feminino, a paternidade e o *rosto* humano são as formas de alteridade que colocarão o sujeito em questão e evocarão a temporalidade.

O outro ao se aproximar, abala, inicialmente, a corporeidade do sujeito. O feminino chega como doçura incitando o sujeito a acolhê-lo em sua morada. Como um hóspede, instala-se na interioridade do sujeito freando o desejo fruitivo do mundo. Dessa maneira, para o presente contínuo do tempo, pois o sujeito volta-se para a visita do feminino. Na aproximação do outro humano inicia-se a constituição da subjetividade como tal. Entretanto, é próprio do sujeito querer dominar e gozar daquele que se lhe aparece. Mas, por ser absolutamente exterior, o feminino se retira do campo de poder do sujeito.

Na paternidade, o sujeito reconhece-se como um "eu fecundo". O filho traz um prolongamento do sujeito, sem que deixe de ser si mesmo e sem englobar o outro a si. A fecundidade realiza o Infinito do tempo, abre-se um outro e novo tempo. A criança aponta para o futuro como uma renovação da vida do pai no filho, sem, contudo, estabelecer uma continuidade temporal como um retorno total ao sujeito. Pode-se dizer que o pai é o passado do filho e o filho é o futuro do pai. Pela vinda da alteridade, o existir se mostra plural e o tempo sempre descontínuo, sempre renovado e recomeçado.

Em Levinas, esse outro que vem trazer o tempo, não é apenas o filho biológico, mas trata-se do outro enquanto *rosto*. Em sua face se apresenta o pobre, a viúva, o órfão e o estrangeiro. A miséria e a falta de proteção que figuram na face do outro interpelam a subjetividade do sujeito. Trata-se do chamado para responder e se responsabilizar pelo outro.

Dessa forma, a alteridade sem distinção irrompe a duração da consciência e o tempo do Ser. O *rosto* de outrem, portanto, instaura a subjetividade como tempo. Assim, o tempo se caracteriza pela preocupação exclusiva com o outro. Na aproximação do *rosto* e em seu acolhimento tem-se o recomeço do tempo. "O tempo descontínuo da fecundidade torna possível uma juventude

---

[100] *Ibid.*, p. 212.

absoluta e um recomeço, [...] esse recomeço do instante, o triunfo do tempo da fecundidade sobre o devir do ser mortal e decadente, é um *perdão*, é a própria obra do tempo."[101]

Todavia, Levinas entende o perdão como constituinte do tempo. Isto é, na relação com a alteridade, o sujeito é perdoado por sua imersão na duração do presente, por sua "falta de tempo" para com o outro. Em outras palavras, o outro, ao chegar, retira o sujeito do presente inserindo nele a responsabilidade irrecusável pelo *rosto*. Perdoa-o da falta, mas não o inocenta. O perdão remete à doação que estará sujeito a fazer para se redimir perante outrem.

Enfim, o tempo será plasmado na relação com outrem. Trata-se, sobretudo, de um drama para o sujeito, pois essa relação não será produzida no âmbito do Ser. Ao contrário, ela se dará na situação ética do encontro. Na relação face a face delinear-se-á um tempo aquém do Ser. Entretanto, é essencial debruçar-se sobre as formas de alteridade humana para revelar em que consiste a relação ética.

---

[101] LEVINAS, E. *Totalidade e infinito*. Lisboa: Edições 70, 2000, p. 263. Grifo nosso.

2 Subjetividade e evento ético

Suponho que este tipo de sensibilidade, uma que não só se comove como por assim dizer pensa sem ser com a cabeça, suponho que seja um dom.
(Clarice Lispector)

As análises desenvolvidas no primeiro capítulo repercutem sobre a compreensão levinasiana de subjetividade como sensibilidade fruitiva. A sensibilidade se mostra no corpo como o movimento da hipóstase, uma contração do existente na existência anônima do Ser capaz de assegurar para si mesmo sua identidade. No entanto, não basta à subjetividade esse movimento de crispação contra o Ser para entrar no âmbito da ética. Faz-se mister percorrer os seus desdobramentos quando no contato com as formas de alteridade humana. O feminino, a fecundidade e o encontro com o *rosto* nos fornecerão o trajeto para elevar a subjetividade ao grau de subjetividade ética.

2.1. As formas de alteridade humana

2.1.1. O feminino

As análises em *Totalidade e infinito* que foram até aqui abordadas pontuam um trajeto que desvela um sujeito capaz de sentir e consumir o mundo assegurando-se como identidade. Ademais, desponta uma subjetividade que tem como amparo o seu próprio reino: sua casa. Para além da utilidade do conforto e da segurança, ela se mostra como o lugar da interioridade e da intimidade. Espaço de recolhimento de si e de acolhimento daquele que cava um "espaço" em sua interioridade colocando-se como *hóspede*.

Como recolhimento, o sujeito permanece em sua solidão, mas não em um mundo que antes foi dado à boca e às mãos no qual o sujeito se supria e se confundia com ele. A interioridade do recolhimento se faz em um *mundo já humano*, pois supõe uma *familiaridade*. "A familiaridade é uma realização, uma *en*-ergia da separação. A partir dela, a separação constitui-se como morada e habitação." A familiaridade se produz como uma *doçura que se espalha sobre a face das coisas*. Trata-se, pois, de um recolhimento na interioridade e na intimidade, o que já supõe a presença de outrem, "*intimidade com alguém*. O Recolhimento refere-se a um acolhimento".[102]

Aquele que vem, por excelência, habitar a intimidade do sujeito se exprime enquanto feminino. Na segunda seção de *Totalidade e infinito*, intitulada "Interioridade e Economia", Levinas utiliza pela primeira vez o termo "mulher" para descrever o *rosto* feminino. Esse invade harmoniosamente a morada do sujeito colocando-se como condição de hospitalidade.

> *O Outro, cuja presença é discretamente uma ausência e a partir da qual se realiza o acolhimento hospitaleiro por excelência que descreve o campo da intimidade, é a mulher, a condição do recolhimento, da interioridade da casa e da habitação.*[103]

A articulação do feminino nos escritos filosóficos dialoga, por sua vez, com os escritos sobre o Talmude.[104] O artigo "O judaísmo e o feminino", incluído em *Difícil Libertad*, esboça uma descrição inspirada na tradição judaica. Nele encontram-se as análises das figuras femininas que aparecem no Antigo Testamento. De forma indelével, destaca o papel da mulher na relação com o mundo hostil produzido pela brutalidade masculina.

A figura feminina que de imediato aparece em um papel secundário em um mundo masculinizado é referida como a protagonista que eleva tanto o mundo quanto o homem ao *status* de humanidade. O feminino, portanto, vem se apresentar como suavidade e abertura para acolher o homem, tornando o

---

[102] LEVINAS, E. *Totalidade e infinito*. Lisboa: Edições 70, 2000, pp. 137-138. Grifo do autor.

[103] LEVINAS, E. *Totalidade e infinito*. Lisboa: Edições 70, 2000, p. 138.

[104] "O *Talmude* é a transcrição da tradição oral de Israel. Ele rege tanto a vida quotidiana e ritual quanto o pensamento – incluindo a exegese das Escrituras – dos judeus ao professarem o judaísmo. Distinguem-se nele dois níveis: aquele em que estão consignados, em hebraico, o dizer dos doutores chamados *Tanaim* [...] sob o nome de *Mischná*, que se torna o objeto de novas discussões conduzidas frequentemente em aramaico pelos doutores chamados *Amoraim*. [...] A obra dos *Amoraim* se fixa, por sua vez, por escrito por volta do século V e recebe o nome de *Guemará*. As seções da *Mischná* e da *Guemará*, apresentadas conjuntamente, uma como tema a ser comentado pela outra, [...], constituem o *Talmude*." LEVINAS, E. *Quatro leituras talmúdicas*. São Paulo: Perspectiva, 2003, p. 10. Entretanto, Levinas não se apropria dos textos bíblicos como aquilo que é da ordem da crença. Ao contrário, o filósofo procura articular o ensinamento talmúdico sob o ponto de vista ético-filosófico. Portanto, Levinas recorre ao Talmude como um exercício hermenêutico encontrando nos textos temas sobre o outro e a humanidade, sem remeter o seu pensamento filosófico à fé professada pela teologia judaica.

mundo mais habitável. O que interessa aqui é evidenciar que a dimensão do feminino aparece como um silêncio que se faz ouvir. Trata-se de uma *figura entre as categorias do ser* que não se deixa apreender e inaugura a casa como intimidade, lar. Conforme Levinas,

> *o mundo em que se desdobram esses eventos não teria sido estruturado como foi [...] sem a* presença discreta, *no limite da evanescência, dessas mães, esposas e filhas, sem seus passos silenciosos nas profundezas e densidade do real, desenhando a própria dimensão da* interioridade *e tornando o mundo habitável. A casa é a mulher, dirá o Talmude.*[105]

Deve-se esclarecer, no entanto, que os termos feminino e masculino não se equivalem. Não se trata da diferença de gêneros. Ao contrário, designam que "a participação no masculino e no feminino é própria de todo ser humano".[106] Ao utilizar os termos *mulher* e *feminino*, torna-se contundente que a dimensão da interioridade não necessita expressamente da presença do "sexo feminino" para acontecer o acolhimento.

> *O feminino foi descoberto [...] como um dos pontos cardeais do horizonte em que se coloca a vida interior – e a* ausência empírica *do ser humano de "sexo feminino" em uma morada* nada altera a dimensão de feminidade *que nela permanece aberta, como o próprio acolhimento da morada.*[107]

Nos escritos filosóficos, a leveza do *rosto* feminino aparece como a primeira forma de alteridade pessoal que vem de encontro ao sujeito, mas não aparece como: "*vós,* do rosto que se revela em uma dimensão de altura".[108] O feminino é o *tu* da familiaridade em que o sujeito coloca sua casa, sua intimidade à disposição do hospede, deixa-o à vontade.

Totalidade e infinito apresenta como acontece essa doce visita na intimidade da subjetividade do sujeito. Trata-se de uma presença reservada que se revela e se retira. Uma misteriosa aproximação que não se instala de fato e que

---

[105] LEVINAS, E. *Difícil Libertad: Ensayos Sobre el Judaísmo.* Madri: Caparrós Editores, 2004, pp. 54-55. Grifo nosso. Todas as citações da obra *Difícil Libertad: Ensayos Sobre el Judaísmo* neste livro foram traduzidas por nós para o português.

[106] LEVINAS, E. *Ética e infinito.* Lisboa: Edições 70, 1988, p. 60.

[107] LEVINAS, E. *Totalidade e infinito.* Lisboa: Edições 70, 2000, p. 140. Grifo nosso.

[108] *Ibid.*, p. 138. Grifo do autor.

não se anula. A irrupção do *rosto* feminino na esfera do sujeito hipostasiado se mostra como a primeira revelação de outrem. Essa revelação se esconde no pudor, como um modo próprio de existir do feminino.

A relação entre o feminino e o sujeito hipostasiado pode ser entendida como uma relação erótica, uma vez que o primeiro aparece como doçura afetando o sujeito por meio da volúpia e da carícia. Como se pode notar, tanto na leitura de *Le Temps et L'Autre* quanto em *Da existência ao existente* encontra-se esboçada uma fenomenologia do *eros*. A volúpia "não é um prazer solitário como comer ou beber, [...] é antes o evento e o mistério mesmo do *porvir*".[109] Uma espera daquilo que se retira, é "a busca de uma *promessa* sempre mais rica".[110] A voluptuosidade aparece como a descrição da carícia, isto é, como "um modo de ser do sujeito onde ele, no *contato,* com o outro *vai além desse contato*".[111] A relação com o feminino, portanto, não se configura como o prazer alcançado pela fruição, pois o contato que advém da carícia extrapola o ato de tocar, pegar, apalpar. A carícia supõe esse retirar-se do feminino, uma ausência da presença.

Na afecção erótica, a subjetividade se constitui como carne, corporalidade que se abre para o outro. Mais propriamente, a subjetividade é corpo exposto ao feminino. No entanto, ainda persiste um risco para o sujeito, pois pode "fixar-se no retorno a si mesmo no prazer e na simbiose da *reciprocidade*".[112] Em outras palavras, o sujeito na intempestividade de sua fruição pode realizar um movimento de apropriação do outro corpo como objeto de desejo ou cristalizar o seu desejo por outrem. Dessa maneira, o sujeito corre o risco de retornar a si fechando-se à alteridade e mantendo-se em reclusão.

Por conseguinte, na volúpia pode acontecer uma fusão entre o amante e a amada. Isso constitui um risco porque remete ao alcance de uma totalidade entre os dois indivíduos. Ao contrário disso, Levinas defende que cada corpo já traz consigo uma unicidade que, por defesa, não se deixa reduzir. Assim, a relação erótica não busca a correspondência na relação a dois, ela é, antes, a procura de um sujeito que se separa do Ser pelo movimento da fruição. Após a separação será criada uma subjetividade ética a partir do encontro com o outro humano. Assim, o sujeito hipostasiado é imprescindível para a "lógica" da subjetividade como sensibilidade.

---

[109] LEVINAS, E. *Le Temps et L'Autre*. 5ª ed. Paris: Fata Morgana, 1994, pp. 82-83. Grifo nosso.

[110] LEVINAS, E. *Da existência ao existente*. Campinas: Papirus, 1998, p. 48. Grifo nosso.

[111] LEVINAS, E. *Le Temps et L'Autre*. 5ª ed. Paris: Fata Morgana, 1994, pp. 82-83. Grifo nosso.

[112] RIBEIRO JR, Nilo. *Sabedoria de amar: a ética no itinerário de Emmanuel Levinas*. São Paulo: Loyola, 2005, p. 53. Grifo do autor.

Com efeito, é preciso que o feminino com o seu calor e em sua presença silenciosa se retire criando um espaço vazio para que o sujeito seja, repouse e se recolha.[113] Ao escavar esse espaço na interioridade, o feminino desperta a subjetividade do sujeito para sua capacidade de acolher sem possuir. Na relação erótica, "*o sujeito encontra-se como o si de outro,* e não apenas como o si de si próprio".[114] Trata-se de uma reviravolta na posição do sujeito hipostasiado, pois caminha em direção à saída do Ser. O que será imprescindível para a constituição de uma subjetividade paternal.

2.1.2. Paternidade e fecundidade

Le Temps et L'Autre aborda a questão da volúpia sob o viés da paternidade. O sujeito, em vez de se laçar em busca da apropriação do amor e do corpo do outro, percebe que a sua volúpia se alegra com a volúpia do amado. *Totalidade e infinito* retoma essa questão propugnando que o outro é, ao mesmo tempo, *eu* e separado de mim pela fecundidade. Não se trata da identificação e fusão do sujeito com o Outro, mas de uma *trans-substanciação*.

> *A relação com o filho na fecundidade não nos mantém na extensão fechada de luz e de sonho, de conhecimentos e de poderes. Articula o tempo do absolutamente outro – alteração da própria substância daquele que pode – a sua trans-substanciação. [...] A subjetividade amorosa é a própria transubstanciação e porque essa relação sem paralelo entre duas substâncias – na qual se mostra um para além das substâncias – se funda na paternidade. O para além das substâncias não se oferece a um poder para confirmar o eu, mas também não produz no ser algo de impessoal, de neutro, de anônimo [...].*[115]

Na relação erótica, portanto, não acontece uma integração entre as substâncias. Ao contrário, o sujeito hipostasiado destina-se a ir "a outro lado". Trata-se, na relação a dois, da transcendência do sujeito como possibilidade de tornar-se uma subjetividade fecunda. Pela fecundidade, o sujeito paternal pode ir além da sua própria identidade sem deixar de ser si mesmo.

---

[113] PELIZZOLI, M. L. *Levinas: a reconstrução da subjetividade.* Porto Alegre: EDIPUCRS, 2002, p. 89.
[114] LEVINAS, E. *Totalidade e infinito.* Lisboa: Edições 70, 2000, p. 249. Grifo nosso.
[115] LEVINAS, E. *Totalidade e infinito.* Lisboa: Edições 70, 2000, pp. 247-250. Grifo do autor.

> *A paternidade é a relação com um estranho que, sendo realmente outro, é eu; a relação do eu com um eu mesmo que é, porém, estranho a mim. O filho, com efeito, não é uma simples obra minha, como um poema ou como um objeto fabricado: ele também não é minha propriedade. Nem as categorias de poder, nem as categorias de ter podem indicar a relação com a criança. Nem a noção de causa, nem a noção de propriedade permitem captar o fato da fecundidade. Eu não tenho meu filho, eu sou, de alguma maneira, meu filho.*[116]

Na geração do filho aparece um paradoxo para o sujeito enquanto paternidade/maternidade. Vislumbra-se uma identificação que já é distinção: o sujeito que gera tem sua identidade, mas, ao mesmo tempo, participa da identidade do filho gerado, sem se fixar na possessão ou na apropriação. *Totalidade e infinito* esclarece esta relação: "o pai não causa simplesmente o filho. *Ser* seu filho significa ser *eu* no filho, estar substancialmente nele, sem, no entanto nele se manter identicamente".[117] O sujeito paterno não se reconhece apenas nos gestos do filho, ela participa de sua substância.

Essa relação, contudo, não está pautada na estrutura da lógica formal, pois ao mesmo tempo em que há uma identificação de si na paternidade, acontece também uma distinção na identificação, conservando a absoluta exterioridade tanto do pai quanto do filho. Por isso, "a paternidade não é simplesmente uma renovação do pai no filho e a sua confusão com ele. É também a exterioridade do pai relativamente ao filho. *É um existir pluralista*".[118]

Pela paternidade, contudo, se mostra um caráter mais peculiar da impossibilidade de o sujeito retornar a si ou ao Ser. Na verdade, na paternidade configura-se a passagem da situação de um sujeito hipostasiado frente ao Ser para a concreção da subjetividade do sujeito como tal. Ou seja, na relação com outrem (o filho) acontece a abertura para a constituição da subjetividade. O sujeito paterno, ao desdobrar-se no filho, liberta-se de si, da solidão e do egoísmo impresso pela hipóstase fruitiva. É um existir pluralista em que o cuidado para consigo mesmo será transfigurado no cuidado para com o filho. O sujeito paternal, ao dar a vida ao filho pode agora esquecer-se de si, de sua dor e de seu gozo, para ocupar-se do padecimento e do gozo do outro. Pela via da fecundidade, tornando-se pai/mãe o sujeito entra em relação com o que é *absolutamente outro*. A partir do encontro com outrem será gestada a subjetividade como sensibilidade no movimento de heterogênese.

---

[116] LEVINAS, E. *Le Temps et L'Autre.* 5ª ed. Paris: Fata Morgana, 1994, pp. 85-86. Grifo nosso.

[117] LEVINAS, E. *Totalidade e infinito.* Lisboa: Edições 70, 2000, p. 258. Grifo do autor.

[118] LEVINAS, E. *Ética e infinito.* Lisboa: Edições 70, 1988, p. 64. Grifo nosso.

Segundo Levinas, o filho não é concebido como posse ou projeto de seu genitor. A criança não pertence ao pai como um objeto pertence ao seu dono. Ele não é um acontecimento qualquer. O filho é um outro, é uma alteridade irredutível e por isso não se oferece ao poder do pai e não está situado na esfera da representação e do tempo do sujeito paterno. Como exterioridade, "o filho é uma pessoa que é o 'Outro de mim' e, ao mesmo tempo, *Outro absolutamente Outro*, enquanto filho, e não o eu".[119]

O filho, portanto, não pode ser considerado um projeto, pois todo projeto tem como referência quem o projetou. Caso assim fosse, o sujeito paterno retornaria a se fixar em si ficando mais uma vez preso na solidão da hipóstase. Na verdade, o filho mantém-se separado ontologicamente do pai. Como ser separado, existe por si e para si e com isso o filho interrompe o tempo da ontologia. Melhor. Ele inaugura um outro tempo que não o do Ser ao cessar a continuidade temporal em que se via imerso o sujeito paterno.

Totalidade e infinito enfatiza o drama vivido pelo sujeito enquanto paternidade. Ele vivencia um acontecimento que figura entre o abandono de seu egoísmo apesar de não renunciar à sua ipseidade. Na fecundidade, o sujeito gera o novo, mas não se confunde com ele. O filho é a possibilidade de um novo começo para o sujeito. Ele traz consigo a redenção. Perdoa o sujeito paterno de sua inserção no instante e permite o tempo abrir-se como tempo, como *porvir*. Trata-se da dimensão do futuro inscrita desde já no filho, o qual poderá, por sua vez, gerar também outra vida e assim infinitamente. Desse modo, "a fecundidade faz parte do próprio *drama* do eu",[120] pois abre o futuro já inscrito na esfera da fecundidade e que de certa maneira escapa ao domínio da intencionalidade.

Entretanto, a situação de ser pai ou mãe não se reduz à aptidão biológica para gerar e conceber filhos. Como também a fecundidade não está apenas associada à possibilidade do filho em querer gerar outros filhos para assegurar a árvore genealógica. Segundo o filósofo, a filialidade pode ser concebida sem laços de parentesco. Trata-se, antes, de uma atitude paternal do que somente da gestação embrionária ou da perpetuação da espécie.

> *Esse futuro para além do meu próprio ser, dimensão constitutiva do tempo, adquire, na paternidade, um conteúdo concreto. Os que não têm filhos não devem ver nisso qualquer consideração;*

---

[119] RIBEIRO JR, Nilo. *Sabedoria de amar: a ética no itinerário de Emmanuel Levinas*. São Paulo: Loyola, 2005, p. 53. Grifo nosso.

[120] LEVINAS, E. *Totalidade e infinito*. Lisboa: Edições 70, 2000, pp. 251-252. Grifo nosso.

> a filialidade biológica é apenas sua figura primeira; mas pode perfeitamente conceber-se a filialidade como uma relação entre seres humanos sem laço de parentesco biológico. Pode ter-se, a respeito de outrem, uma atitude paternal. Considerar outrem como seu filho é precisamente estabelecer com ele as relações que designo "para além do possível".[121]

Todavia, as análises levinasianas acerca da relação entre paternidade e filialidade conduzem como que para a relação face a face. Isso pode ser sustentado na secção IV de *Totalidade e infinito* quando o filósofo esclarece no que consiste a unicidade do filho:

> O amor do pai pelo filho realiza a única relação possível com a própria unicidade de um outro e, nesse sentido, todo o amor se deve aproximar do amor paterno. Mas a relação do pai com o filho não vem juntar-se *ao eu do filho já constituído como um feliz acaso*. O eros paterno investe apenas a unicidade do filho – o seu eu enquanto filial não começa na fruição, mas na eleição.[122]

Na perspectiva ontológica, o sujeito em Levinas se constituía como tal pelo movimento de retorno a si tentando afastar-se do ser para adquirir sua unicidade na fruição. Quando o feminino entra em cena, como já apresentado, acontece uma reviravolta na identidade do sujeito, revelando sua capacidade de acolher sem possuir. Trata-se da abertura para a constituição da subjetividade.

A análise sobre a fecundidade fortalece essa transformação e eleva a pesquisa ao campo antropológico. O filho, ao receber a sua unicidade através do amor oferecido pelo pai, revela ao sujeito um outro ângulo de sua existência. Não mais um existente que domina a existência e constitui sua unicidade pela materialidade, mas uma subjetividade *passiva* que recebe sua unicidade de um outro que a chama à existência.

Esse outro, absolutamente outro, é o filho eleito e único para o pai. É a partir da tônica antropológica da filialidade, portanto, que a subjetividade se constitui e recebe sua unicidade. A partir disso, o sujeito se percebe sendo convocado para a relação com o outro.

Ressalta-se que a relação aberta pela filialidade se configura como relação fraterna. O filho é único e eleito pelo pai, mas não por ser o primogênito. Os outros filhos são também únicos e eleitos gerando-se uma relação fraterna.

---

[121] LEVINAS, E. *Ética e infinito*. Lisboa: Edições 70, 1988, pp. 62-63. Grifo nosso.

[122] LEVINAS, E. *Totalidade e infinito*. Lisboa: Edições 70, 2000, p. 258. Grifo do autor.

Por conseguinte, a subjetividade humana movimenta-se na constituição de sua ipseidade por situar-se na fraternidade, isto é, pelo fato de todos os homens serem irmãos e não por um acréscimo de moralidade ou uma "conquista moral".

> *A eleição do eu, a sua própria ipseidade, revela-se como privilégio e subordinação – porque não o põe entre os outros eleitos, mas precisamente na* frente *deles, para os servir, e porque ninguém pode substituí-lo para medir a extensão de suas responsabilidades.*[123]

Nesse contexto, o sujeito eleito opõe-se à subjetividade ontológica de Heidegger. Revela, portanto, que tanto o pai quanto o filho não se encontram entre irmãos e nem junto a eles, mas *face* a eles para receber o chamado responsivo que se instala na relação com o *rosto* humano. A partir da relação face a face, relação fraterna por excelência, a subjetividade poderá recomeçar como subjetividade ética.

2.1.3. Rosto

Diante das formas de alteridade humana trabalhadas nos passos anteriores, eleva-se o *rosto*[124] como modo de expressar a alteridade de outrem em seu mistério. O *rosto*, na filosofia levinasiana, consiste na epifania do outro como pessoa e transcendente. Mais do que a tessitura plástica do rosto de alguém como composição de elementos visíveis – olhos, boca, nariz – o *rosto* é transcendente na medida em que dele se origina a ideia de infinito apresentando-se como resistência para o sujeito. Aparecendo de forma irredutível à representação, o *rosto* não pode ser englobado pela compreensão como um objeto ao conhecimento.

> *O rosto* (visage) *não é da ordem do visto, não é um objeto, é aquilo cujo aparecer conserva uma exterioridade que é também um chamado – ou um imperativo dado à sua responsabilidade. Encontrar um rosto é,* de pronto, *ouvir um pedido e uma ordem.*

---

[123] LEVINAS, E. *Totalidade e infinito*. Lisboa: Edições 70, 2000, p. 258. Grifo nosso.

[124] Adotamos a palavra *rosto* como tradução do termo francês *visage*. No entanto, esse termo pode ser também trabalhado como "olhar" ou face. De todo modo, importa ressaltar que o *rosto* não se reduz à plasticidade do corpo. Ele configura a diferença da alteridade tanto no nível sensível quanto no transcendente. O *rosto* é precisamente a própria alteridade. Portanto, não é possível na leitura levinasiana falar do *rosto* da subjetividade ou da face do "eu". SUSIN, L. C. *O homem messiânico: uma introdução ao pensamento de Emmanuel Levinas*. Porto Alegre: Escola Superior de Teologia São Lourenço de Brindes, 1984, p. 203.

> *Eu defini o rosto precisamente por esses traços: para além da visão ou confundidos com a visão do rosto. Pode-se dizer uma vez mais: o rosto, por trás da feição na qual ele se dá, é como exposição de um ser à sua morte, o sem defesa, a nudez e a miséria de outrem.*

O *rosto* se apresenta como nudez, isto é, como ausência e recusa de ser contido pelo pensamento. Na sua desmesura, desfiguração e precariedade o *rosto* do outro surge como revelação de sua própria exterioridade. Expõe-se e faz face ao sujeito exprimindo sua unicidade e conservando sua exterioridade. Isso acontece não só pelo fato de o *rosto* ser uma forma física, se apresentar como corpo e face, mas por ele se expressar. O *rosto* fala!

Pela palavra, sua significação transborda o contexto da imagem ou do olhar, evitando, assim, a tentativa de o sujeito querer contextualizar o outro. O *rosto* é antes "significação, *e significação sem contexto*".[125] Ele está constantemente se significando através da fala. "O *rosto* pode ser tratado como *significância* (HH 64), uma inteligibilidade dinâmica como o próprio ato de significar-se, e que se coloca para além da significação".[126] Trata-se de assumir um sentido que se opõe à ordem do sistema ou da totalidade. O *rosto* se mantém fora da significação corrente do contexto seja cultural, histórico, psicológico, religioso etc.

Como linguagem, o *rosto* não é um caso de conhecimento, não permite uma apreensão lógico-conceitual. Ele não se situa em um sistema de signos. Isso se justifica na medida em que se percebe a característica elementar do *rosto* do outro: ele se mostra como *presença e não presença, como próximo e estrangeiro.*

> *A epifania do rosto como rosto abre a humanidade. O rosto na sua nudez apresenta-me a penúria do pobre e do estrangeiro; mas essa pobreza e esse* exílio *que apelam para os meus poderes visam-me, não se entregam a tais poderes como dados, permanecem* expressão *de rosto.*[127]

Trata-se, portanto, de uma ambivalência que aparece na fenomenologia do *rosto*. O outro que se apresenta no *rosto* se aproxima como presença sensível, mas se distancia como linguagem. "*Rosto* e discurso estão ligados. *O rosto fala*. Fala, porque

---

[125] LEVINAS. *Ética e infinito*. Lisboa: Edições 70, 1988, p. 78. Grifo nosso.

[126] RIBEIRO JR, Nilo. *Sabedoria de amar: a ética no itinerário de Emmanuel Levinas*. São Paulo: Loyola, 2005, p. 270. Grifo do autor.

[127] LEVINAS, E. *Totalidade e infinito*. Lisboa: Edições 70, 2000, pp. 190-191. Grifo nosso.

é ele que torna possível e começa todo o discurso."[128] Nesse caso, a subjetividade em Levinas se constitui como significância na relação/contato com a significância do *rosto* que já se apresenta como significância. A relação entre a subjetividade e a alteridade, portanto, só será possível mediante a linguagem que emana do *rosto*.

Pela linguagem, o *rosto* se torna imprevisível e interrompe o discurso e a compreensão do sujeito. O outro é interlocutor, chama o sujeito ao diálogo e o afeta. Diante de sua expressão, da presença imediata do outro, o sujeito é convocado a responder. Desse modo, o *rosto* do outro se impõe sem que o sujeito possa ser surdo ao seu apelo.

Totalidade e infinito apresenta a linguagem como interpelação. O outro como *rosto* interpela constantemente o sujeito rompendo com a tendência subjetiva de enclausurar a manifestação e a expressão do outro na permanência da palavra, em um conceito ou ideia que o sujeito enseja fazer. Pela proximidade do *rosto* escuta-se a "linguagem *original*, linguagem sem palavras nem proposições, pura comunicação".[129] Ele inaugura o discurso trazendo consigo uma interpelação que já é "mandamento".

> O "tu não matarás" é a primeira palavra do rosto. Ora, é uma ordem. Há no aparecer do rosto um mandamento, como se algum senhor me falasse. Apesar de tudo, ao mesmo tempo o rosto de outrem está nu; é o pobre por quem posso tudo e a quem tudo devo. E eu, que sou eu, mas enquanto "primeira pessoa", sou aquele que encontra processos para responder ao apelo.[130]

Sua primeira palavra é uma obrigação porque resiste à interpretação subjetiva. O "mandamento" do *rosto* rompe com o gozo fruitivo do sujeito no mundo, desestabiliza a sensibilidade do sujeito libertando-o da alergia do Ser. Ao mesmo tempo afeta a sensibilidade promovendo a abertura e a entrada para a ordem da relação humana. Nessa abertura se constituirá a subjetividade ética.

Não há como não escutar o chamado do *rosto*. Ele é irrecusável, pois ordena o sujeito a responder, obrigando-o a entrar no discurso e possibilitando a sociabilidade. Nesse sentido, a linguagem para Levinas está para além do mundo de significações e aquém da forma reduzida de mensagens, informações e pretensões de validade e verdade.

---

[128] LEVINAS, E. *Ética e infinito*. Lisboa: Edições 70, 1988, p. 79. Grifo nosso.

[129] LEVINAS, E. *Descobrindo a existência com Husserl e Heidegger*. Instituto Piaget, 1997. p. 279. Grifo nosso.

[130] LEVINAS, E. *Ética e infinito*. Lisboa: Edições 70, 1988, p. 80. Grifo nosso.

A proximidade do outro se mostra como *rosto* que toca e fala. Na dimensão da sensibilidade, a presença do *rosto* acontece na imediatez do contato. O toque, porém, extrapola o ato de pegar. O *con-tato* a que Levinas se refere não está apenas situado na esfera das sensações e dos sentimentos, mas se diz como linguagem. É o chamado estampado no *rosto* humano que diz "Não matarás", abertura que *con-voca* para a relação ética.

O outro como *rosto* não é uma ideia do outro, mas alguém que me olha e me fala inaugurando o discurso e possibilitando a relação. De toda forma, ele recusa-se à posse e mostra-se como resistência total à apreensão subjetiva. Como revelação mantém-se como exterioridade absoluta, separado do sujeito. O *rosto* inaugura a ordem ética e movimenta-se constituindo a subjetividade. O *rosto* humano, portanto, demonstra resistência ao sujeito fruitivo, pois não se deixa confundir com o gozo. Ele escapa também à tentativa de compreensão e à redução da consciência transcendental.

Mas, ao mesmo tempo, esboça uma fragilidade e pobreza na sua própria *ex*-posição de *rosto* nu. A fragilidade do *rosto* exprime-se como aquele que está exposto à violência do sujeito.

> *Só posso querer matar um ente absolutamente independente, aquele que ultrapassa infinitamente os meus poderes e que desse modo não se opõe a isso, mas paralisa o próprio poder de poder. Outrem é o único ser que eu posso querer matar.*[131]

Nesse sentido, o *rosto* habita um ambiente de risco, pois pode ser alvo de violência. Mesmo assim, o fato de assassinar alguém não se reduz ao poder de matar, mas escapa ao poder. Pois, o que resta da morte do outro parece se configurar como um existir indeterminado. O corpo imóvel do outro não expressa mais o que é essencialmente *rosto*, isto é, a sua transcendência e imprevisibilidade. O sujeito, portanto, não consegue abarcar o resultado dessa tentativa de dominação porque mesmo na morte o *rosto* de outrem se recusa à compreensão. Os traços de sua transcendência enquanto infinito se perdem escapando da ordem subjetiva.

Com efeito, o *rosto* traz consigo esta ambiguidade: ao mesmo tempo em que expressa a significação que me proíbe matar, incita ao ato violento. Ressalta-se que a proibição de matar que o *rosto* revela é uma exigência ética e não ontológica. Por isso, o acesso ao *rosto*, para Levinas, é eminentemente ético.

---

[131] LEVINAS, E. *Totalidade e infinito*. Lisboa: Edições 70, 2000, p. 177. Grifo nosso.

Ao se revelar como dimensão ética, o *rosto* se apresenta também como presença do Infinito. Pode-se dizer do rosto como a *transcendência* que se abre para a relação social com alguém. "A relação com outrem é a única que introduz uma dimensão da *transcendência* e nos conduz para uma relação totalmente diferente da experiência no sentido sensível do termo, relativa e egoísta."[132] Nesse contexto, a subjetividade emergirá como responsabilidade anterior à liberdade. Trata-se da constituição da subjetividade do sujeito transcendendo eticamente ao responder pelo outro antes de responder por si.

O *rosto* revela o infinito, mas não mostra uma unidade ou a essência do mundo. Ao contrário, expõe o diferente, aquele que escapa ao aparecer na imprevisibilidade do encontro. Segundo Levinas, o infinito é a própria resistência ética estampada no *rosto* do outro. Ele chega antes de toda e qualquer ação do sujeito, interrompendo o movimento da consciência e paralisando o poder da redução e da visão. Nesse reverso da consciência se constitui a autêntica subjetividade. Assim,

> *o infinito apresenta-se como* rosto *na resistência ética que paralisa os meus poderes e se levanta dura e absoluta do fundo dos olhos, sem defesa na sua nudez e na sua miséria. A compreensão dessa miséria e dessa fome instaura a própria proximidade do Outro. Mas é assim que a* epifania *do infinito é expressão e discurso.* [133]

Diante da presença/ausência do *rosto* do outro humano e da revelação de sua diferença e infinitude, a subjetividade será percebida de outra maneira pelo filósofo lituano. Ao se posicionar frente ao Ser como fruição para dele se separar, o sujeito cria e conserva sua identidade. No contato com o feminino e na paternidade, ele é direcionado para o caminho da constituição de sua interioridade. Mas, é no encontro com o *rosto* do outro – a alteridade sem distinção –, que será doada à subjetividade a condição de ipseidade ética. Trata-se do encontro com o *rosto*, como lugar do infinito que destitui o sujeito de seus poderes e de sua liberdade para inseri-lo na relação face a face.

---

[132] LEVINAS, E. *Totalidade e infinito*. Lisboa: Edições 70, 2000, p. 172. Grifo nosso.
[133] LEVINAS, E. *Totalidade e infinito*. Lisboa: Edições 70, 2000, p. 178. Grifo nosso.

2.2. Subjetividade e ipseidade

Ao propugnar a superação do pensamento pós-metafísico de Heidegger a filosofia levinasiana elege a relação ética como *filosofia primeira*. Por isso, torna-se essencial esclarecer os elementos que compõem a subjetividade sob o ângulo do pensamento que extravasa a totalidade. As análises que despontam em *Totalidade e infinito* nortearão a investigação quanto à ideia de infinito e o desejo metafísico como elementos constituintes da subjetividade do sujeito. Em vista disso, propõe-se esclarecer em que consiste a liberdade a partir da ética da alteridade. Pretende-se, dessa forma, vislumbrar o estatuto da ipseidade ética do pensamento da alteridade.

2.2.1. Infinito: o trauma da identidade

Na perspectiva levinasiana, o pensamento ocidental assenta-se sob a égide da *totalidade,* na medida em que se afirma sobre a hegemonia da autonomia, caracterizando-se, portanto, pela violência ao reduzir toda diferença à imanência. Diante desse quadro de injustiça, em que o acesso ao outro só é possível pelo "eu posso", Levinas propugna a recuperação da relação humana através do caminho que passa pelo outro e extravasa o pensamento da autonomia do sujeito.

Esse percurso perpassa a relação com o infinito como lugar da metafísica. Não se trata, porém, da concepção de metafísica ocidental. De forma contundente, Heidegger já havia recusado o projeto metafísico da modernidade. Sua recusa apontava, especialmente, para o fato pretensioso de a ciência moderna colocar-se como fonte precursora para fundamentar a metafísica. A objetividade da ciência, de certa forma, produziu o ente e equivocou-se ao tomá-lo pelo ser. Dessa forma, a modernidade julgou ter atingindo a verdade do ser, mas essa intenção acessou apenas a verdade do próprio ente.

Outra crítica heideggeriana à filosofia moderna apresenta-se no fato de o ente em sua totalidade ter sido também representado como supremo. Essa compilação para representar o ente gerou, ao mesmo tempo, uma ontologia e uma teologia. Dessa forma, a metafísica resignou-se ao papel de ontoteologia. Isso seria de tal forma significativo para Heidegger que o fez empreender o projeto ontológico propugnando uma superação da metafísica.

De certo, não se tratava apenas de negar a metafísica, mas de reconduzir o conhecimento humano para a verdade do Ser. Todavia, para alcançar tal empreendimento foi fundamental uma reflexão sobre a essência do *Dasein*. Com efeito, seu projeto pós-metafísico revigora o Ser tirando-o do esquecimento em detrimento do "desenraizamento" gerado pela metafísica moderna.[134]

Segundo Levinas, o pensamento ocidental, de forma geral, reduziu a transcendência à imanência e fixou a totalidade e a identidade como categorias ontológicas. Sob esse ângulo, tal modelo tornou-se incapaz de operar com a alteridade sem englobá-la ao *logos* edificante da filosofia. Essa constatação repercutirá no modo como Levinas aborda a questão metafísica a partir de Heidegger e o seu impacto sobre a subjetividade. Sua concepção consiste em ir além da superação alcançada por Heidegger. Trata-se de um pensamento pós-metafísico que tem o intuito de não apenas superar a questão ontológica, mas de fraturar a fundamentação da essência/existência tanto do ente quanto do Ser.

Essa ruptura consiste em conceber a ética como filosofia primeira. Uma nova maneira de filosofar que institui a relação aberta pela alteridade como imediata e irredutível. O segundo período da filosofia levinasiana caracteriza-se exatamente pela intriga estabelecida entre a ética e a metafísica. O discurso da transcendência se situa e se consuma na relação face a face. Trata-se, portanto, de perceber nesse contexto, o infinito e sua exigência ética associados à ideia que excede o pensamento da subjetividade como autonomia.

O *rosto* do outro como passagem do infinito é responsável por articular essa nova concepção de metafísica. Sua ambivalência como próximo e estrangeiro possibilita ressignificar o sentido de transcendência operando uma explosão da estrutura lógica do pensamento. Assim,

> *a dimensão do divino abre-se a partir do rosto humano. Uma relação com o Transcendente – livre, no entanto, de toda a dominação do Transcendente – é uma* relação social. *É aí que o Transcendente, infinitamente Outro, nos solicita e apela para nós. A proximidade de Outrem, a proximidade do próximo, é no ser um momento inelutável da revelação, de uma presença absoluta (isto é, liberta de toda a relação) que se exprime. A sua própria* epifania *consiste em solicitar-nos pela sua miséria no rosto do Estrangeiro, da viúva e do órfão.*[135]

---

[134] Para um aprofundamento da crítica de Heidegger à metafísica, conferir em: HEIDEGGER, M. *Que é a metafísica?* Trad. Ernildo Stein. São Paulo: Abril Cultural, 1983. Coleção Os Pensadores.

[135] LEVINAS, E. *Totalidade e infinito*. Lisboa: Edições 70, 2000, p. 64. Grifo nosso.

A transcendência opera como excesso de sentido que não se adequa ao discurso do *logos,* não pertence à ordem da tematização e da representação. Trata-se, pois, de sair do horizonte da "onto-teo-logia" e da ontologia que não extravasa o sentido da totalidade. A pergunta pelo sentido e pelo Ser é deixada de lado cedendo espaço para o questionamento que o *rosto* do outro provoca ao aparecer diante do sujeito.

Na leitura levinasiana, não se trata, portanto, de buscar um fundamento para a alteridade. A preocupação de fundo concerne à relação primeira, concreta e humana entre o outro e o eu. Pode-se dizer que esse modo de "pensar" indica uma metafísica às avessas, pois não consiste em nivelar a alteridade e a subjetividade para remetê--las a uma totalidade. Mas, sim, deixar o humano ser em sua diferença "inenglobá-vel" que desborda o sentido.

Inspirado na ideia de infinito de René Descartes, Levinas utiliza a estrutura formal elaborada pelo filósofo moderno para encontrar o transbordamento do sentido que propugna a ideia de infinito. Entretanto, descarta a concepção de ideia inata da filosofia cartesiana e apoia-se no pressuposto de que o *cogito* pensa a ideia do infinito e da perfeição.

Todavia, o sujeito não pode ser a causa de uma realidade que é superior a ele mesmo, isto é, a ideia de infinito não pode ser gerada pelo sujeito finito e imperfeito. Então, como a ideia do infinito chega ao *cogito*? Para Levinas, ela se origina na ex-terioridade e se revela no *rosto* do outro. Ao aproximar o *rosto* que se põe e se retira, coloca a ideia de infinito no finito (sujeito). Ao pensar o infinito do *rosto*, o sujeito não consegue reduzi-lo à intencionalidade da consciência e firmá-lo na adequação conceitual. A tentativa de pensar o infinito opera uma excedência do próprio pensa-mento: o sujeito "pensa mais do que pensa". Trata-se do conteúdo da ideia (*ideatum*) ultrapassando a ideia daquele que o pensa.

> [...] *a ideia do infinito tem de excepcional o fato de o seu* ideatum *ultrapassar a sua ideia ao passo que, para as coisas, a coincidência total das suas realidades "objetiva" e "formal" não está excluída; to-das as ideias, que não o infinito, teríamos podido, em rigor de termos, justificar por nós próprios. [...] importa sublinhar que a transcendên-cia do infinito em relação ao eu que dele está separado e que o pensa, mede, se assim se pode dizer, a sua própria infinitude. A distância que separa* ideatum *e ideia constitui aqui o conteúdo do próprio* ideatum. *O infinito é característica própria de um ser transcendente, o infinito é o absolutamente outro. O transcendente é o único* ideatum *do qual apenas pode haver uma ideia em nós; está infinitamente afastado de sua ideia – quer dizer, exterior – porque é infinito. Pensar o infinito, o transcendente, o estrangeiro, não é, pois, pensar um objeto.*[136]

---

[136] LEVINAS, E. *Totalidade e infinito*. Lisboa: Edições 70, 2000, p. 36. Grifo do autor. LEVINAS, E. *Ética e infinito*. Lisboa: Edições 70, 1988, p. 83. LEVINAS, E. *Descobrindo a existência com Husserl e Heidegger*. Instituto Piaget, 1997, p. 209.

Como absolutamente outro, o infinito que transpassa o *rosto* remete a uma dimensão de altura, santidade.[137] Ele encontra-se separado em relação ao mundo e ao sujeito. Enquanto distância e separação, o transcendente emerge como um alguém e não como uma coisa ou objeto. De toda forma, o infinito em sua exterioridade não se confunde com o finito, pois se apresenta como intangível, "imanipulável" e irredutível. O infinito é sempre superior à ideia que o sujeito tenta apreender. Portanto, o infinito do *rosto* é uma desmedida, desproporção, excedência que ultrapassa toda tentativa de abarcá-lo.

Com efeito, o *rosto* é o modo como o infinito se aproxima na relação com o humano recusando-se a uma síntese. O infinito é exterioridade e se põe como alteridade absoluta no *rosto*. Ele não é como uma ideia abstrata que o sujeito possa supor ou intuir. O infinito que passa e se passa na alteridade do *rosto* revela-se no encontro. No entanto, escapa à compreensão e ao caráter fenomênico do fenômeno do encontro eu *x* outro.

> *Essa forma de o Outro buscar o meu reconhecimento, ao mesmo tempo que conserva o seu incógnito, desdenhando recorrer ao piscar de olhos entendido ou cúmplice, essa forma de se manifestar sem se manifestar, chamamos-lhe – voltando à etimologia desse termo grego e por oposição ao aparecimento indiscreto e vitorioso do* fenômeno *– enigma.[138]*

A misteriosa transcendência do *rosto* do outro humano não se instala no sujeito, mas coloca-o em questão. Trata-se, sobretudo, de um *traumatismo*. Com esse termo, Levinas visa esclarecer a constituição da subjetividade já afetada pela passagem enigmática do infinito. O *rosto,* ao se aproximar, perturba o sujeito enquanto consciência, pois a tentativa de pensar o infinito e sua transcendência leva a uma desmedida do pensamento. A impossibilidade de apreender a ideia do infinito rompe com a coincidência entre consciência e subjetividade tão cara à filosofia moderna.

---

[137] "A santidade do rosto reúne em si separação e bondade, valor: tem conotação puramente moral, separada da mundaneidade, do ser. A bondade do outro, o seu valor, se mostram exatamente no fato de se revelar, de se pôr na relação, sem que isso seja uma 'necessidade' nem para o ser nem para si". SUSIN, L. C. *O homem messiânico: uma introdução ao pensamento de Emmanuel Levinas*. Porto Alegre: Escola Superior de Teologia São Lourenço de Brindes, 1984, p. 222. Retomaremos o sentido de santidade do *rosto* empregado por Levinas ainda neste capítulo.

[138] LEVINAS, E. *Descobrindo a existência com Husserl e Heidegger*. Instituto Piaget, 1997, p. 254. Grifo do autor.

De forma veemente, o *trauma* sentido pelo sujeito implica uma abertura passiva ao outro. Constitui-se como a ipseidade da subjetividade, isto é, a subjetividade do sujeito está sendo plasmada a partir da relação aberta pelo e com o infinitamente outro. Trata-se de sair do registro da sensibilidade fruitiva do *mesmo*, centro da identidade, para perceber-se como subjetividade tocada e afetada pela passagem da alteridade do *rosto*.

Nesse sentido, não se trata de um movimento interno da consciência, mas da entrada do outro no foro íntimo da subjetividade. "À relação entre o eu e o infinito corresponde a afirmação de que a identidade é animada pela alteridade, o *outro-no-mesmo* que torna irreal a concepção da consciência como identidade ou como coincidência consigo mesmo."[139]

Assim, o infinito no *rosto* põe em xeque o processo de identificação do sujeito despertando-o do egoísmo.

Dessa forma, a ipseidade no regime da alteridade refere-se a um acontecimento no tempo e na vida de um sujeito, um "outro de mim" que chega e traumatiza o cerne do sujeito enquanto si mesmo. O trauma causado pelo infinito do *rosto* não limita a subjetividade. Com seu anúncio de cuidado – não matarás – eleva e ensina o sujeito o caminho para a relação. O infinito inaugura pelo *rosto* um acontecimento além do Ser, acontecimento ético. A face de outrem, portanto, seu corpo nu, faminto e indefeso, afeta imediatamente o sujeito exigindo uma resposta. À guisa do infinito, o *rosto* movimenta-se transcendendo, chama para a relação face a face e inviabiliza o retorno do sujeito à consciência. Dessa forma, o infinito funda o sujeito como ser separado do outro e abre-se para a relação social. Seguindo o rastro do infinito – anunciado pela ausência do outro no *rosto* – a relação com o absolutamente outro implica no êxodo de si do sujeito, saída sem retorno. Assim, se constitui, portanto, a subjetividade como ipseidade.

Essa forma de aparecer já se retirando – transcendendo – incitando o sujeito a entrar na "desordem conceitual" é a maneira como aparece a ética como filosofia primeira. Trata-se, sobretudo, de admitir que o sentido do humano advém da relação face a face e ocupa um lugar anterior a qualquer movimento do saber.[140] Por outras palavras, a ética como metafísica

---

[139] PIVATTO, P. S. A ética da alteridade. Em: OLIVEIRA, M. A. de (org.). *Correntes fundamentais da ética contemporânea*. 2ª ed. Petrópolis: Vozes, 2001, p. 89.

[140] Levinas não se declara avesso à teoria e não é sua intenção apenas contrapor teoria e prática. Ressalta-se a possibilidade do saber teórico como modalidade da transcendência – "Nesse sentido o desejo metafísico seria a essência da teoria" – em contraposição a teoria como inteligência ou *logos* do ser, que nesse caso compete à ontologia. LEVINAS, E. *Totalidade e infinito*. Lisboa: Edições 70, 2000, p. 29 e pp. 16-30.

indica a precedência da relação ética sobre o saber teórico. Sob esse ângulo, pode-se afirmar que a transcendência ocupa um lugar fundamental na relação social.

Totalidade e infinito apresenta o sentido da ética como filosofia primeira em termos de intersubjetividade. O infinito que perpassa o *rosto* se apresenta e se retira na relação social, exigindo um sujeito separado do outro e do Ser. Já traumatizado pela passagem do infinito, o sujeito encontra-se aberto ao outro. Ele não é capaz de compreender o infinito, pois escapa a ordem do conceito. Pode-se dizer que essa abertura é o modo como o *rosto* se coloca interrogando e questionando a consciência. Chamado a responder, o *rosto* conduz o sujeito *para* a relação.

O infinito no *rosto* ultrapassa qualquer ideia que se construa a seu respeito. Por isso, na constituição da subjetividade acontece uma abertura *passiva* ao outro. Cabe ao sujeito, portanto, relacionar-se com o infinito, acolhendo-o ao invés de representá-lo. O movimento de acolher sem possuir radicaliza a diferença entre a subjetividade e a alteridade. Insere-se, portanto, um novo elemento metafísico para compor a ética da alteridade. Trata-se do desejo como abertura para o bem.

2.2.2. Sensibilidade desejante e responsável

Um pensamento que pensa mais do que pensa mostra-se como uma ultrapassagem da tentativa do conhecimento "tematizável". A ideia do infinito perde seu caráter formal para ser incutida sob a forma de desejo do eu pelo outro. No segundo período da filosofia levinasiana, esse termo não é concebido em seu uso costumeiro como apetite ou aspiração daquilo que falta. Não se trata do desejo fruitivo do mundo e não se confunde com a necessidade. O desejo não visa superar as carências do sujeito somente como algo que completa o desejante. É, antes, algo que desperta a fome sem recorrer aos alimentos e que se expressa além da satisfação e não se identifica a uma finalidade. Trata-se do desejo enquanto pensamento pós-metafísico porque é desejo do absolutamente outro enquanto constituinte da subjetividade do sujeito.

> *O Outro metafisicamente desejado não é* outro *como o pão que como, como o país que habito, como a paisagem que contemplo, como, por vezes, eu para mim próprio, este eu, esse outro. Dessas realidades, posso* alimentar-me *e, em grande*

> *medida, satisfazer-me, como se elas simplesmente me tivessem faltado. Por isso mesmo a sua alteridade incorpora-se na minha identidade de pensante ou de possuidor. O desejo metafísico tende para uma coisa inteiramente diversa, para o absolutamente outro.*[141]

Longe de associar o desejo como algo vazio ou angustiante, Levinas o coloca como um elemento constitutivo da relação face a face. Ao contrário da ontologia que propugnava a bondade e gratuidade do Ser, o desejo inaugura a ordem da bondade em relação ao outro. Sob o registro da ética como filosofia primeira, o desejo rompe com a primazia do Ser e do sujeito. Inaugura uma outra maneira de perceber a subjetividade como sensibilidade conduzindo-a para a relação original. Na relação social, onde se dá o vestígio do infinito abre-se o desejo do outro, pois

> *o infinito no finito, o mais no menos que se realiza pela ideia do infinito, produz-se como* desejo. *Não como um desejo que a posse do desejável apazigua, mas como o desejo do Infinito que o desejável suscita, em vez de satisfazer. Desejo perfeitamente desinteressado* – bondade.[142]

Na análise da fruição o sujeito se preenche ao gozar do mundo. Ao contrário, o desejo metafísico emerge do desejo do sujeito já satisfeito. Trata-se de desejar aquilo que não falta. O desejo não nasce do sujeito, mas chega até ele por aquele que ofusca sua satisfação egóica. Ora, aquele que está exterior e além do sujeito é o outro que lhe aparece como *rosto*. O *rosto* do infinitamente outro provoca o desejo a ponto de constituir a subjetividade do sujeito. Como o desejo do infinito nunca será satisfeito, ele promove no sujeito a procura *des*inter*essa*da, pura gratuidade e acolhimento. Assim,

> *o desejo metafísico [...] deseja o que está para* além *de tudo o que pode simplesmente completá-lo. É como a bondade – o desejado não o cumula, antes lhe abre o apetite. [...] O desejo é absoluto se o ser que deseja é mortal e o desejado, invisível. A invisibilidade não indica uma ausência de relações; implica relações com o que não é dado e do qual não temos ideia.*[143]

---

[141] LEVINAS, E. *Totalidade e infinito*. Lisboa: Edições 70, 2000, p. 21. Grifo do autor.

[142] *Ibid.*, p. 37. Grifo nosso.

[143] LEVINAS, E. *Totalidade e infinito*. Lisboa: Edições 70, 2000, p. 22 e 247. Grifo nosso.

O desejo, assim como o infinito, é anterior à ordem do Ser. O desejo incute no sujeito o desejo de ser bom produzindo um movimento em direção ao bem. Antes de saber o que é ou de tomar a decisão de ser bom, o sujeito percebe-se direcionado para a dimensão de gratuidade do desejo ao qual pertence à ordem do Bem. O desejo de outrem interrompe a felicidade trazida pela fruição e provoca na subjetividade do sujeito o desejo de lançar-se no cuidado pela fruição do outro. Trata-se de dedicar-se ao outro, cuidar da sua nudez ameaçada pela fome. Nesse sentido, constitui-se a subjetividade no regime do desejo metafísico. O desejo sob a forma de bem realiza a passagem ao outro, isto é,

> o bem é a passagem *ao outro, ou seja, uma maneira de relaxar minha tensão sobre meu existir à guisa de cuidado para consigo, no qual o existir de outrem me é mais importante que o meu.* O bem é esse excedente de importância de outrem sobre mim, *cuja possibilidade, na realidade, é a ruptura do ser pelo humano ou o bem no sentido ético do termo.*[144]

Como o desejo não é da ordem da necessidade, ele escapa aos domínios do sujeito hipostasiado aprofundando infinitamente a procura de satisfazê-la. Escapa da correlação carência/saciedade. De toda forma, o que o desejo suscita mostra-se como a saída do "si" da subjetividade em direção ao outro. Ruptura da imanência da vida interior do sujeito. O desejo abre, portanto, um outro sentido para a vida da subjetividade. Trata-se de sair da violência do discurso da totalidade ontológica para deparar-se com a relação social pré--original, isto é, o desejo metafísico fornece as bases para começar um novo tempo a partir da relação genuinamente ética.

A relação aberta pelo desejo do outro também esclarece a condição da ipseidade da subjetividade. Traumatizada pelo infinito, percebe-se a suscetibilidade do sujeito a partir da afecção causada pela alteridade. Essa afecção não impede que o outro permaneça irredutível ao pensamento. Enigmaticamente, o outro continua se significando, mesmo excedendo a ideia que pretende pensá-lo. O desejo participa dessa excedência, mas vem como "uma forma de conteúdo" para a ipseidade. O desejo registra a bondade e a gratuidade no interior da subjetividade, movimentando-a em direção ao bem, conduzindo-a para o acolhimento do outro. Nesse sentido, acolher é imediatamente escutar

---

[144] POIRIÉ, F. *Emmanuel Levinas: ensaio e entrevistas*. São Paulo: Perspectiva, 2007, p. 93. Grifo nosso.

a primeira palavra do *rosto*: *Tu não matarás!* Trata-se, portanto, de escutar a linguagem ética e respondê-la com justiça. Dessa maneira, o desejo abre a ordem moral e exige do sujeito o respeito pela alteridade.

Importa ressaltar que, no pensamento levinasiano, não cabe fazer uma distinção entre ética e moral.[145] A ética como filosofia primeira é concebida como um estatuto de responsabilidade pelo outro anterior a qualquer ato de consciência ou liberdade. Assim, falar do desejo pelo outro como abertura para a ordem moral é já pronunciar e revelar a obrigação ética subjacente ao humano. Nesse sentido, não compete ao âmbito da moral normatizar o agir com vistas às exigências para a conduta ética. Antes da padronização de regras para a organização social há o chamado à responsabilidade pelo outro. Trata-se, portanto, de perceber na relação com a alteridade o sentido antropológico da ética enquanto filosofia primeira em contraposição à ontologia como metafísica. Assim, a subjetividade emerge nesse registro como responsabilidade.

O *rosto* do outro suscita a sede e a fome insaciável de justiça. Sob esse prisma, a subjetividade expõe sua interioridade a fim de acolher a precariedade do outro. O desejo não chega como posse, pois o outro não se dá à compreensão. Ele é, antes, doação de bondade e de justiça. Como gratuidade, o desejo conduz o sujeito para uma relação voltada para o outro. Dessa forma, o desejo faz com que a subjetividade se ressignifique como responsabilidade.

Entende-se, portanto, que a subjetividade recebe gratuitamente o dom de se responsabilizar pelo próximo. Sua sensibilidade é afetada pelo desejo de bondade. Antes mesmo de pôr-se a pensar sobre o desejo e o ato responsivo a que ele remete, a subjetividade se constitui como corporeidade, assumindo o caráter de um corpo preocupado com o cuidado do outro. Trata-se de retirar o pão de sua boca para dar ao pobre e ao estrangeiro. Sem negar sua felicidade, trata-se de preocupar-se com a felicidade (fruição) e a justiça ao outro.

Entretanto, na *intriga* ética que se estabelece entre o egoísmo do sujeito e o desejo do outro, a soberania do eu encontrar-se-á comprometida pelo cuidado do outro que antecede o bem do *mesmo* (eu). Nesse sentido, o desejo do outro questiona a liberdade do sujeito a ponto de oferecer um novo conteúdo para a subjetividade do sujeito enquanto consciência transcendental.

---

[145] A tradição da filosofia ocidental formaliza a distinção entre ética e moral. A ética foi concebida como ciência do *fim* para o qual a conduta dos homens deve ser orientada e dos *meios* para atingir tal *fim*, deduzindo tanto o fim quanto os meios da *natureza* do homem. À moral cabe a função de estabelecer normas para orientar a conduta.

2.2.3. O reverso da liberdade

Diante da investida do outro, Levinas coloca em questão a maneira com que a liberdade tem sido justificada no contexto do pensamento filosófico ocidental. A alteridade de outrem como *rosto* desvenda a violência e a injustiça da concepção de liberdade da tradição. O sujeito como autonomia constitui-se violento porque reduz o que está fora de si ao conceito, perfazendo a falsa concepção de que outrem deveria estar sob a tutela do saber. De certo, "*nenhum* movimento de liberdade poderia apropriar-se do *rosto* ou ter ar de o 'constituir'".[146]

Segundo Levinas, na perspectiva da subjetividade como autonomia, o sujeito permanece injusto e indigno diante da *exposição* indefesa do *rosto*. Nesse âmbito, o sujeito coloca-se na posição de querer apoderar-se do outro ou de ignorar os seus apelos. Desse modo, a liberdade como autonomia do sujeito não se percebe, em princípio, em relação com alguém, e sim destinada a retornar ao seu egoísmo e solidão. Todavia, será fundamental para o sujeito perceber que "o rosto de outrem não me surge como obstáculo ou como ameaça que avalio, mas como aquilo que me *compara*. Para *me sentir* injusto, é preciso que eu me compare com o infinito".[147]

Ao se comparar com o absolutamente outro, o sujeito reconhece sua injustiça e indignidade. Isso acontece pelo modo como o modelo da autonomia assegura a liberdade do sujeito em detrimento da justiça ao outro. Ou seja, o bem que o sujeito poderia fazer a outrem transforma-se em violência e guerra na medida em que ele converte o outro em outro eu. Portanto, a liberdade como autonomia é usurpadora, pois, retira a gratuidade e bondade que emana do *rosto* do outro humano.

Para sair desse registro, Levinas assevera que a liberdade precisa ser justificada. Para tanto, ela recebe uma investidura para libertar-se do arbitrário e da violência. Trata-se de compreender que a subjetividade consiste em deixar-se comandar pelo apelo e ensinamento responsivo que a alteridade expressa. Em última instância, "justificar a liberdade não é demonstrá-la, mas torná-la justa".[148]

É fundamental perceber que a subjetividade do sujeito consiste na ipseidade ética que, por sua vez, acontece no acolhimento da alteridade. Nesse acolher, o outro provoca uma abertura na interioridade do sujeito. Mostra-lhe a ordem

---

[146] LEVINAS, E. *Descobrindo a existência com Husserl e Heidegger*. Instituto Piaget, 1997, p. 215. Grifo nosso.

[147] *Ibid.*, p. 214. Grifo nosso.

[148] LEVINAS, E. *Totalidade e infinito*. Lisboa: Edições 70, 2000, p. 70.

moral pelo desejo insaciável de justiça e redireciona a subjetividade à bondade sem representação. Nessa abertura revela-se a resistência da alteridade à posse do sujeito. O *rosto* de outrem resiste de tal forma que investe a subjetividade de responsabilidade tornando-a livre. Trata-se de incutir na sensibilidade a justiça por outrem como elemento constitutivo da subjetividade no regime pós-metafísico.

Com efeito, o outro é absolutamente outro, não significa uma outra identidade a contrapor-se à identidade subjetiva. Alteridade vinda de outro lugar que não parte do Ser ou do sujeito. Na verdade, encontra-se separada por vir de uma dimensão de altura e não se deixar desvelar ou possuir pelo sujeito. Por isso, a alteridade do *rosto* indica que o sujeito não é autônomo diante de um leque de possibilidades, voltando a si ao término de sua escolha. A subjetividade do sujeito provocada em *ser-para-o-outro*, investida de responsabilidade anterior a um ato de consciência percebe que sua liberdade, outrora autônoma, fora destituída de poder pela bondade de outrem. Portanto,

> *o ser que se exprime impõe-se, mais precisamente apelando para mim da sua miséria e da sua nudez – da sua fome – sem que eu possa ser surdo ao seu apelo. De maneira que, na expressão, o ser que se impõe não limita, mas* promove *a minha liberdade, suscitando a minha bondade.*[149]

O fato de o sujeito deparar-se com a exigência ética do *rosto* antes de considerar-se livre para tal não indica a falta de consciência. Segundo o autor, a consciência entendida na esfera da fruição constitui uma modalidade da liberdade. Trata-se do "prolongamento" do gozo, uma vez que faz parte da constituição do humano "tomar consciência" do que está a sua volta. Dessa maneira, o suporte da existência econômica repercute sob a forma de poder. Isso mostra o poderio do corpo para desfrutar do mundo e, posteriormente, representá-lo conceitualmente. Mas, a relação do sujeito com o mundo é metafisicamente diferente da relação com o outro.

A relação com a alteridade de outrem abala o "estado de consciência" da subjetividade do cogito. Essa se encontra incomodada pela palavra do outro, pois, o chamado primevo do *rosto* traumatiza o sujeito de tal forma que desloca sua pretensão de decidir. De fato, o sujeito não escolhe ser responsável. O outro é quem investe a subjetividade do sujeito de responsabilidade. Por isso, o sujeito se percebe obrigado a responder. Assim, o *rosto* insere na ipseidade da subjetividade a justiça como obra da consciência moral. Nesse caso,

---

[149] LEVINAS, E. *Totalidade e infinito*. Lisboa: Edições 70, 2000, p. 179. Grifo nosso.

> *a consciência moral levinasiana é constituída no contato com o outro e, portanto, é ação anterior à reflexão sobre ela mesma. Trata-se de uma consciência das exigências, ou da obrigação que lhe é colocada pela presença "incontextualizável" do rosto como mandamento.* A consciência moral *não é, portanto, outra variedade de consciência ao lado da teórica, como a define a filosofia ocidental. Ao contrário, ela é* consciência por excelência, *pois se encontra imediatamente* colocada em questão pela proximidade e pela palavra/mandamento do outro, *que a interpela à obra de "justiça" (TI 89). Ela é verdadeiramente consciência enquanto "de-posta" de si, e absolutamente redirecionada ao serviço da palavra do outro [...].*[150]

O discurso levinasiano inverte o primado da consciência intencional em consciência moral, que se caracteriza pelo acolhimento do outro e, no contato com a alteridade, a subjetividade se constitui como uma obrigação de justiça. Assim, o sujeito como autonomia é deposto e direcionado a servir e a responder ao apelo irrepresentável do *rosto*. Nesse sentido, o movimento de *de-posição* significa que o sujeito não pode mais poder, ele não pode decidir por si.

Trata-se, sobretudo, do movimento de heterogênese como constitutivo da subjetividade que parte da obrigação responsiva cuja inserção foi doada pela palavra do outro. Portanto, "a deposição da soberania pelo *eu* é a relação social com outrem, a relação 'des-inter-essada'".[151] Em suma, o que define a subjetividade no regime pós-metafísico é o *desinteressamento* do sujeito.

Desse modo, a consciência moral passa a ser entendida como *an-árquica*. Ela não possui um princípio em si. Levinas é radical quanto a essa questão. Ao constatar a precedência da responsabilidade frente à liberdade, a consciência moral será referida como algo *sem princípio*. Trata-se do "vestígio de um passado que se recusa ao presente e à representação, *vestígio de um passado imemorial*".[152]

Ao rechaçar a concepção autárquica do sujeito, Levinas insiste que é a partir do outro que o sujeito tem a possibilidade de tornar-se livre e perceber o que é justo ou injusto. Portanto, a lógica da liberdade se configura via relação ética tal como abordada anteriormente. Nesse âmbito, a liberdade aparece como "princípio" da heteronomia. Trata-se, sobretudo, de uma subjetividade concebida como sujeição diante da interpelação do *rosto*. Por isso:

---

[150] RIBEIRO JR, Nilo. *Sabedoria de amar: a ética no itinerário de Emmanuel Levinas*. São Paulo: Loyola, 2005, pp. 261-262. Grifo do autor.

[151] LEVINAS, E. *Ética e infinito*. Lisboa: Edições 70, 1988, p. 43. Grifo do autor.

[152] LEVINAS, E. *Humanismo do outro homem*. 2ª ed. rev. Petrópolis: Vozes, 1993, p. 83. Grifo nosso. Importa dizer que o sentido de passado imemorial será retomado no terceiro capítulo deste livro.

> *A subjetividade, enquanto responsável, é uma subjetividade que é diretamente comandada; de alguma forma, a heteronomia é, aqui, mais forte que a autonomia, ressalvando que essa heteronomia não é escravidão, não é subjugação. [...] A consciência de responsabilidade de imediato obrigada, por certo, não está no nominativo, está antes no acusativo.*[153]

Sem ser suprimida pela alteridade, pode-se dizer que a subjetividade constitui sua liberdade como uma "liberdade libertada". De modo peculiar, o sujeito torna-se livre na medida em que responde eticamente. Dessa *difícil liberdade*[154] emerge o verdadeiro sentido do humano pautado na justiça e na responsabilidade por outrem. Nesse sentido,

> *a liberdade do sujeito que se apresenta não se assemelha à liberdade de um ser livre como o vento. Implica a responsabilidade – o que deveria espantar, já que* não há nada que se oponha mais à liberdade do que a não liberdade da responsabilidade. *A coincidência da liberdade e da responsabilidade constitui o eu, que se duplica de si, estorvado por si.*[155]

A resposta ao outro, portanto, não se produz como uma visada intencional. A anterioridade do ordenamento moral da palavra proferida pelo *rosto* – *não cometerás homicídio* – incute na subjetividade uma irrecusável tarefa ética. Assim, as análises sobre o infinito no *rosto* e o desejo do outro configuram o início do drama ético da constituição da subjetividade, uma vez que o absolutamente outro abre a ordem moral e indica a bondade como a passagem da subjetividade do sujeito ao outro.

Nesse caso, o princípio da autonomia torna-se secundário em benefício da responsabilidade pelo *rosto*. Diante da abordagem constitutiva da ipseidade faz-se mister explorar as bases da relação como interpelação ética, o teor da assimetria da relação e a radicalidade do drama vivido pelo sujeito.

---

[153] LEVINAS, E. *Entre nós: ensaios sobre a alteridade*. Petrópolis: Vozes, 1997, p. 152. Grifo nosso.

[154] Essa expressão remete ao título da obra *Difficile Liberté*. Os textos reunidos nesse livro remetem ao 1º e 2º períodos da filosofia levinasiana. Denotam, a partir da interação com o judaísmo, a radicalidade e o drama assumido pela subjetividade do sujeito quando investida de liberdade para responder a interpelação do *rosto*. LEVINAS, E. *Difícil Libertad: Ensayos Sobre el Judaísmo*. Madri: Caparrós Editores, 2004, p. 37.

[155] LEVINAS, E. *Totalidade e infinito*. Lisboa: Edições 70, 2000, p. 250. Grifo nosso.

2.3. Interpelação e evento ético

Esta seção visa acentuar a "dinâmica" da relação social. A partir do sentido e das características subjacentes à alteridade tornar-se-á possível identificar o lugar ocupado pela subjetividade na relação ética. Portanto, urge investigar a assimetria da relação sob a tônica da interpelação ética propugnada pelo *rosto*. A partir disso, vislumbra-se esclarecer o estatuto da subjetividade "como" responsabilidade e não mais como um atributo a mais do sujeito.

2.3.1. Alteridade como enigma

Na segunda fase do pensamento levinasiano, o feminino, o filho e o *rosto* são focados como a revelação da alteridade de outrem. O infinito e o desejo inauguram a presença no *rosto* como concepção metafísica da alteridade. De fato, não se trata do outro como outra consciência ou de várias subjetividades que entram em relação. A alteridade é percebida como absolutamente outra não se fixando na esfera do sujeito. Como exterioridade, encontra-se além da vontade da liberdade e da razão. A "categoria" de alteridade, portanto, não permite ser englobada a uma redução conceitual ou de poder. Seu lugar advém de aquém do Ser.

Longe de relegar o outro a uma abstração, Levinas lhe confere uma concretude carnal. A alteridade se diz propriamente nas figuras bíblicas: o pobre, o órfão, a viúva e o estrangeiro. São pessoas repletas de necessidades, mas não podem satisfazê-las como a subjetividade fruitiva. Elas são miseráveis. A condição de sua corporeidade as ameaça e violenta, pois estão nuas, com frio e com fome. São maltrapilhas, indiferentes e anônimas em sua condição. Encontram-se jogadas no mundo sem pouso fixo ou repouso. Não têm família nem lugar para se recolher. Não podem oferecer sua interioridade, pois se encontram rasuradas, sem recursos e expostas à exclusão.[156]

A partir do exemplo das figuras bíblicas e, para além delas, pode-se dizer que a alteridade consiste na diferença. O *rosto* na sua nudez e pobreza se depõe à subjetividade como mesmidade na medida em que o sujeito se vê interpelado visceralmente a cuidar do outro vulnerável e exposto à morte. O *rosto* revela uma nudez e uma miséria que se mostram imprevisíveis e imediatas. A alteridade chega sem

---

[156] SUSIN, L. C. *O homem messiânico: uma introdução ao pensamento de Emmanuel Levinas.* Porto Alegre: Escola Superior de Teologia São Lourenço de Brindes, 1984, p. 201.

preparar o caminho, pois sua entrada no espaço do sujeito acontece como uma *visitação*. O outro é hóspede (*hôte*) e se caracteriza por receber e agradecer tudo o que o sujeito lhe oferece. Trata-se de um paradoxo, pois ao mesmo tempo em que a alteridade tem o "poder" de iniciar o tempo e o espaço do sujeito, ela se mostra humilde no agradecimento, entregando-se ao lar do *mesmo*. Nesse sentido,

> *a palavra* hôte *significa duas coisas que nós distinguimos como hospedeiro – "dono da hospedaria" – e hóspede – o que deverá receber seus serviços. Como entender? O hospedeiro é alguém cuja vida consiste em servir o hóspede, que está sempre prestes a aparecer. Sua hospedaria, sua casa, deve estar, portanto, sempre em prontidão para que o hóspede chegue e se instale, se acomode. A casa do hospedeiro não pertence a ele, é primeiro do hóspede.*[157]

Nesse caso, acontece uma guinada na percepção da subjetividade do sujeito: ela passa de dona da casa para hospedeira de outrem. "O hóspede tem apenas um poder: tornar o dono um *hospedeiro*."[158] Com isso, o sujeito destina-se a receber, acolher e servir ao outro. Assim, a chegada da alteridade se dá como uma irrupção e fratura à solidão egóica do sujeito a ponto de constituir a subjetividade como *hospitalidade*.[159]

Ademais, como foi sinalizado neste capítulo, a alteridade é o *rosto* que me interpela em face. Sua visita comanda de uma dimensão de altura e sua linguagem é já mandamento, prescrevendo uma interdição: *não matarás*. Com isso, anuncia e exige um reconhecimento moral e de justiça. No entanto, esse reconhecimento não se destina a igualar a diferença da alteridade à imanência do sujeito. Ao contrário, requer que o sujeito a assuma, isto é, aceite a diferença sem lhe ser indiferente, sem reduzi-la e fazendo-lhe justiça, isto é, respondendo ao chamado de cuidado, pois

> *os desígnios de Outrem apresentam-se como inconvertíveis em dados de um problema, que a vontade poderia rebater. A vontade que se recusa à vontade estranha é obrigada a reconhecer essa vontade estranha como absolutamente exterior, como intraduzível em pensamentos [...]. Outrem não pode ser contido por mim, [...], ele é impensável, é infinito e reconhecido como tal. Esse reconhecimento não se traduz de novo como pensamento, mas como moralidade.*[160]

---

[157] FARIAS, André Brayner. A anarquia imemorial do mundo – Levinas e a ética da substituição. Em: *Veritas: Revista de Filosofia*, Porto Alegre, v. 53, n. 2, abr./jun. 2008, p. 31.

[158] SUSIN, L. C. *O homem messiânico: uma introdução ao pensamento de Emmanuel Levinas*. Porto Alegre: Escola Superior de Teologia São Lourenço de Brindes, 1984, p. 202. Grifo do autor.

[159] LEVINAS, E. *Totalidade e infinito*. Lisboa: Edições 70, 2000, p. 138.

[160] *Ibid.*, p. 209. Grifo nosso.

Na constituição da subjetividade a visita do *rosto* revela e ressalta a pobreza e a injustiça do sujeito. Ele reconhece-se assim devido a sua procura em abarcar e apoderar-se do outro, fazendo-se surdo às suas súplicas. Trata-se, portanto, de dar-se conta de um sujeito injusto e indigno diante da palavra do outro.

Para libertar-se do arbitrário é preciso que o *rosto* se posicione diante do sujeito. Diante do mais alto, a subjetividade do sujeito reconhece sua própria vergonha e violência. Para redimir-se o sujeito é levado pelo ensinamento e pelo comando da alteridade. Assim, o *rosto* direciona o sujeito ao acolhimento da diferença e revela que a injustiça cometida ao outro é mais inaceitável que aquela sofrida pelo eu. Nisso consiste a subjetividade como responsabilidade pelo padecimento do outro. Entretanto, nesse processo, não há como o sujeito escapar ou se equiparar ao *rosto*, pois se insinua enigmaticamente.

O anúncio misterioso do *rosto* transtorna a lógica filosófica. Como lugar de passagem do infinito, o *rosto* ultrapassa as fronteiras da compreensão. Ele é exterioridade absoluta e se significa a si mesmo. Ao passar pelo campo do sujeito deixa um vestígio enigmático. O *rosto* não se instala, se apresenta já se retirando. A marca do vestígio é passar já partindo, como uma presença que nunca esteve presente, algo que é desde já sempre passado.

> *O sentido do Enigma vem de um passado irreversível, irrecuperável, que ele talvez não tenha abandonado [...]. Essa forma de significar que não consiste nem em revelar-se, nem em ocultar-se, absolutamente estranha ao jogo das escondidas do conhecimento, essa forma de sair das alternativas do ser – escutamo-la sob o pronome pessoal de terceira pessoa, sob a palavra Ele. O enigma vem-nos da* Eleidade.[161]

O enigma da *eleidade* no *rosto* é a maneira da transcendência. Levinas utiliza-se do termo *eleidade* para mostrar que na epifania do *rosto* "encontra-se" um "Ele" que é um outro do outro. Essa articulação linguística permite ao autor salvaguardar a epifania do *rosto* impedindo que sua autossignificância seja contextualizada em uma relação entre o "eu" e o "tu". Portanto, apresenta-se na alteridade do *rosto* um terceiro. A *eleidade* não se transmite

---

[161] LEVINAS, E. *Descobrindo a existência com Husserl e Heidegger*. Instituto Piaget, 1997, p. 260. Grifo do autor. Na filosofia levinasiana pode-se notar certa ambiguidade quanto ao sentido das palavras "Outro" e "Ele". Elas indicam se tratar ora da alteridade humana ora da alteridade de Deus. No entanto, nosso escrito se restringirá às análises acerca da alteridade humana.

simbolicamente no *rosto*. É expressão que passa pelo *rosto* e deixa um vestígio indicando um *passado imemorial*. Dessa maneira, "o rosto só pode aparecer como rosto – como proximidade que interrompe a série – se vier enigmaticamente a partir do infinito e do seu passado imemorial".[162]

De forma ambígua, o vestígio deixado pelo enigma do rosto revela uma intriga para o sujeito. Ele encontra-se já convocado a responder ao apelo do *rosto* antes mesmo de um encadeamento lógico do discurso. Trata-se da resposta à interpelação do *rosto* que vai além de qualquer esforço intelectual, isto é, o sujeito é deposto de sua condição de sujeito do suposto saber para deixar que seu próprio corpo seja resposta de generosidade e de sacrifício pelo e para o outro. Portanto,

> *o Enigma diz tão explicitamente respeito à subjetividade, pois* **só** *ela pode conservar a sua insinuação, e essa insinuação é tão rapidamente desmentida quando procuramos comunicá-la, que essa exclusividade ganha o sentido de uma citação que intima apenas um ser, tal como uma subjetividade. Citada a comparecer,* chamada a uma responsabilidade inalienável [...] *a subjetividade é parceira do Enigma e da transcendência que perturba o Ser.*[163]

O movimento de transcendência/mandamento do *rosto* que se apresenta já se retirando implica na transcendência/resposta do sujeito. Na perspectiva da constituição da subjetividade do sujeito, "transcender" significa fazer um movimento aquém do Ser para encontrar-se como responsabilidade. Trata-se de sair de "si" no movimento incitado pela aproximação do infinitamente outro. Dessa forma, não se trata de ir ao infinito, mas de se perceber afetado pela enigmática presença/ausência do outro. Assim, na leitura levinasiana, a transcendência encontra-se inserida na relação face a face. Pode-se notar, portanto, que a transcendência da subjetividade do sujeito conserva, em certa medida, uma espécie de imanência na medida em que sua resposta se concretiza no acolhimento do outro.

A transcendência subjacente ao enigma do *rosto* não permite ser abarcada pelo discurso ou pela manifestação fenomênica. De certo, o enigma abala a ordem do sistema racional. Nesse caso, a irrupção de uma alteridade absoluta – *rosto* – propõe uma diacronia. Tal desordem não vem como proposta de uma nova ordem lógica de sentido para a conduta ética. Ao contrário, instala-se como enigma propondo um passado irrepresentável e uma linguagem primeva.

---

[162] LEVINAS, E. *Descobrindo a existência com Husserl e Heidegger.* Instituto Piaget, 1997, p. 263.

[163] *Ibid.*, p. 259. Grifo nosso.

Do mistério proposto pela *eleidade* do *rosto* ressalta-se a não sincronicidade da relação ética e a insuficiência do saber da totalidade. Por se tratar de um terceiro que perpassa o *rosto* de outrem, reforça-se a incapacidade do sujeito em transpor o sentido do *rosto* para a sua ordem conceitual. O enigma do *rosto* se põe como resistência ética. Não se deixa reduzir e indica a falta de domínio do sujeito: e*u não posso nada poder* frente ao enigma da palavra do *rosto*.

De toda forma, o sujeito não se anula na acolhida responsável do outro. Ao contrário, constrói sua subjetividade eticamente. Ao acolher o ensinamento ético, o sujeito aprende a reverter sua condição injusta. "A consciência de minha injustiça produz-se quando me *inclino*, não perante o fato, mas perante Outrem."[164]

Com efeito, a visita misteriosa da alteridade é um convite para a subjetividade sair de "si" em direção à responsabilidade *para* o Outro. No entanto, tanto a interpelação do *rosto* quanto a resposta da subjetividade do sujeito assumirão um caráter não recíproco fazendo com que a relação face a face se caracterize pela assimetria.

2.3.2. Assimetria do encontro com outrem

Um aspecto fundamental da ética levinasiana consiste na relação não recíproca entre o eu e o outro. Em vista disso, a alteridade apresenta uma relação entre desiguais. Esse âmbito não compete às questões de hierarquia e posse, uma vez que estão associadas à relação entre o eu e o Ser.

De outro modo, a alteridade se apresenta vinda *de cima*. Trata-se de uma majestosa visita que se expõe em face do sujeito. Porém, é preciso observar que não se trata de atribuir um fator quantitativo ou qualitativo à alteridade. Por vir dessa dimensão de santidade, ela não se destaca por ser "mais" ou "melhor" que a subjetividade. Sua majestade é atestada pela maneira com que aparece já se ausentando, isto é, se posiciona já transcendendo. Assim, se expõe ao poder e a violência, e, ao mesmo tempo, abala a soberania do sujeito.

Paradoxalmente, a altura é também uma "baixeza". Na relação com o sujeito, o outro se revela majestoso ao convocar e exigir uma resposta ao apelo ético que seu *rosto* suscita. Mas, ele também é "menos" do que o sujeito, pois ao expressar suas súplicas se mostra humilde, miserável e despojado. Assim, quanto mais o *rosto* se expõe em precariedade e pobreza, mais

---

[164] LEVINAS, E. *Descobrindo a existência com Husserl e Heidegger*. Instituto Piaget, 1997, p. 214.

impõe obediência e obrigação para o sujeito. Isso constitui a subjetividade do sujeito e dessa forma começa a transparecer a assimetria da relação ética.

Essa ambivalência também se aplica à dimensão da subjetividade. Na relação com o *rosto,* o sujeito ocupa uma posição "inferior". Vê-se obrigado a responder ao chamado de cuidado encontrando-se a todo o momento sob o julgamento do outro. Entretanto, ao receber a ordem ética lhe é doado o poder de resposta.[165] Portanto, cabe ao sujeito "decidir como agir" para atender à precariedade de outrem. Trata-se de encontrar meios para tentar aplacar a *fome* do outro e ao mesmo tempo para se justificar perante ele. Desse modo,

> *ouvir a sua miséria que clama justiça não consiste em representar--se uma imagem, mas em colocar-se como responsável, ao mesmo tempo como mais e como menos do que o ser que se apresenta no rosto. Menos, porque o rosto me chama às minhas obrigações e me julga. O ser que nele se apresenta vem de uma dimensão de altura, dimensão da transcendência, onde pode apresentar-se como estrangeiro, sem se opor a mim, como obstáculo ou inimigo. Mais, porque a minha posição de* eu *consiste em poder responder à miséria essencial de outrem, em encontrar recursos. Outrem que me domina na sua transcendência é também o estrangeiro, a viúva e o órfão, em relação aos quais tenho obrigações.*[166]

As diferenças encontradas entre a subjetividade e a alteridade não se reduzem às meras características de um e de outro. Mas elas corroboram para a relação eu-outro. No entanto, a leitura levinasiana se contrapõe, em certa medida, à concepção de Martin Buber.[167] Sob o aspecto da relação intersubjetiva, não se identifica uma simetria ou reciprocidade. O "tu" ou o "nós" da relação não se reduz a um único e mesmo conceito. Como se fossem um plural de "eu" ou se tratasse da relação entre dois sujeitos. O outro é sempre absolutamente outro! A subjetividade se realiza nessa diferença absoluta. Entretanto, o sujeito não tem o poder de constituir a alteridade que se apresenta.

---

[165] Segundo Levinas, o sujeito é ordenado. Interessa ressaltar a dualidade desse termo: "[...] a palavra 'ordenar' é muito boa em francês: quem se torna padre, é ordenado, mas na realidade recebe poderes. A palavra "ordenar", em francês, significa ao mesmo tempo ter recebido a ordem e ser consagrado". LEVINAS, E. *Entre nós: ensaios sobre a alteridade*. Petrópolis: Vozes, 1997, p. 152.

[166] LEVINAS, E. *Totalidade e infinito*. Lisboa: Edições 70, 2000, p. 193. Grifo do autor.

[167] Na relação intersubjetiva, Buber distingue o Eu-Tu, relação entre pessoas, do Eu-Isto, relação do homem com as coisas. No entanto, segundo Levinas, a relação Eu-Tu da concepção buberiana está pautada na reciprocidade e simetria. Levinas critica Buber, pois entende que a relação interpessoal Eu-Tu não pode ser abarcável objetivamente, uma vez que o "eu" e o "tu" devem estar absolutamente separados. POIRIÉ, F. *Emmanuel Levinas: ensaio e entrevistas*. São Paulo: Perspectiva, 2007, pp. 116-118. LEVINAS, E. *De Deus que vem a ideia*. Petrópolis: Vozes, 2002, pp. 192-200.

Para Levinas, a relação com a alteridade é originalmente assimétrica. Ela se realiza a partir da acusação do *rosto*. Sua expressão soa como um julgamento sobre a subjetividade do sujeito, pois, intima-a e convoca-a a assumir uma responsabilidade infinita. Com efeito, na relação face a face emerge uma distância infinda entre as exigências ordenadas pelo outro e as responsabilidades assumidas pelo sujeito. De modo que, quanto mais o sujeito responde ao chamado, maior se torna sua subjetividade como dívida em relação a outrem.

> *A intimação exalta a singularidade, precisamente, porque se dirige a uma responsabilidade infinita.* O infinito da responsabilidade não traduz a sua imensidade atual, mas um aumento da responsabilidade, à medida que ela se assume; *os deveres alargam-se à medida que se cumprem. Quanto melhor cumpro o meu dever, tanto menos direitos tenho; quanto mais justo sou, mais culpado sou.*[168]

Assim, importa ressaltar que o sujeito jamais conseguirá sanar o pedido de socorro do outro. Não há como findar a resposta ao apelo humano, o que significa dizer que a subjetividade é infinitamente constituída como responsabilidade. Isso se justifica na medida em que o outro permanece estrangeiro e ao mesmo tempo próximo do sujeito. Sua exigência incute na subjetividade uma responsabilidade indiscutível e total. Por isso, o sujeito carrega consigo o fardo da culpa e se assume como responsável para além de qualquer limite.

A culpa, no entanto, não vem como falta. Não se trata de sentir-se culpado por recusar um mero pedido, por exemplo. A desproporção da relação ética é mais radical. O sujeito já carrega esse peso responsivo antes mesmo de conhecer outrem e de ponderar sobre seu chamado. Na assimetria da relação o paradoxo da "aproximação distante" do outro remete o sujeito a um atraso e uma culpa irrecuperáveis. Sempre que o outro se aproxima como *rosto* que fala e corpo que pede o sujeito já se encontra em débito diante dele. Quanto mais ele responde, mais responsabilidades contrai. Dessa maneira, a dinâmica da relação ética se torna infinita e a subjetividade se institui dessa dinâmica ética.

A relação assimétrica encontra-se pautada na irreciprocidade. A majestosa presença/ausência do *rosto* não permite configurar uma relação entre termos que se igualam como princípio de justiça. Não há, portanto, qualquer obrigação de retorno do outro perante o sujeito. Caso o sujeito

---

[168] LEVINAS, E. *Totalidade e infinito*. Lisboa: Edições 70, 2000, p. 222. Grifo do autor. LEVINAS, E. *Difícil Libertad: Ensayos Sobre el Judaísmo*. Madri: Caparrós Editores, 2004, p. 42.

assuma a postura de cobrar do outro uma restituição ao ato responsivo que ele executou, estaria imediatamente atentando contra a justiça e a origem ética do outro humano.

Nesse sentido, não cabe ao sujeito a escolha de "fazer justiça" a si mesmo e ao outro. Levinas assevera que a justiça é dom de outrem, é ele que a oferece. A partir desse recebimento sem escolha, a obra de justiça identifica-se à própria subjetividade do sujeito que a realiza na relação, isto é, reconhecer o apelo do *rosto* sem lhe ser indiferente. Assim, "o que me permito exigir de mim próprio *não se compara* ao que tenho o direito de exigir de Outrem".[169]

A relação não recíproca atesta o ponto fulcral da constituição da subjetividade. Incumbido de responsabilidade e incapaz de se desvencilhar, o sujeito se apresenta como sujeição a outrem. O *rosto* do outro se eleva em dignidade de tal forma que sua importância precede qualquer preocupação que o sujeito tenha consigo mesmo. Dessa maneira,

> *[...] sou responsável por outrem sem esperar a recíproca, ainda que isso me viesse a custar a vida. A recíproca é assunto dele. Precisamente na medida em que entre* outrem *e eu a relação não é recíproca é que* eu *sou sujeição a* outrem; *e sou "sujeito" essencialmente nesse sentido. Sou eu que suporto tudo. Conhece a frase de Dostoievsky: "somos todos culpados de tudo e de todos perante todos, e eu mais do que os outros". [...] O eu tem sempre uma responsabilidade a mais do que todos os outros.*[170]

A partir do excesso de responsabilidade que o sujeito recebe da alteridade não é possível manter o discurso da igualdade como relação original de justiça entre os homens. A dissimetria da relação aciona a justiça a partir da desigualdade da relação face a face. A primeira justiça, portanto, é reconhecer a dignidade majestática do outro. Ademais, a igualdade somente se realizará quando a subjetividade eleita assumir o ato de justiça perante todos os outros, e não apenas restringir-se a responder a um rosto. Nisso consiste o caráter social da constituição da subjetividade no regime pós-metafísico do pensamento de Levinas.

A subjetividade não se encontra alienada diante da intimação ética. Sob o exame de outrem, trata-se antes de receber um sentido para entrar em uma

---

[169] LEVINAS, E. *Totalidade e infinito*. Lisboa: Edições 70, 2000, p. 41. Grifo nosso.
[170] LEVINAS, E. *Ética e infinito*. Lisboa: Edições 70, 1988, pp. 90-91. Grifo do autor.

"nova *orientação* da vida interior, chamada a responsabilidades infinitas".[171] Ordenada a responder, a subjetividade do sujeito realiza um movimento aprofundando a sua unicidade. Sem poder esquivar-se e sendo sua resposta insubstituível, ela ocupa um lugar *privilegiado* no pensamento da alteridade.

2.3.3. Subjetividade como responsabilidade

Perceber-se em *face* de um *rosto* é um fato inegável de que a subjetividade recebe um direcionamento metafísico para a sua constituição. Contrariamente à posição e ao estatuto ontológico do sujeito situado em um sistema, o sujeito em relação recebe o privilégio de aprofundar-se e afirmar sua unicidade ética irredutível ao Ser. O *rosto* do outro *im*-põe e convoca o sujeito para a relação. Ao mesmo tempo, essa convocação faz com que a subjetividade se sinta necessária para realizar a justiça. A incumbência de responsabilidade, nesse sentido, ultrapassa o limite sancionado por uma lei moral fundada no sujeito autônomo.

Pode-se reconhecer o distanciamento de Levinas sobre a filosofia de Kant no que tange às articulações sobre a moralidade. Em Kant, a obediência à lei moral é ditada pela razão como princípio universal para o agir moral. Existe, portanto, uma associação entre moralidade e liberdade. O sujeito no âmbito da razão prática se constitui como fim em si, pois a vontade livre dita as próprias regras para o agir. Dessa forma, a autonomia da vontade deve estar livre de qualquer princípio de heteronomia. Segundo Kant:

> *A* autonomia *da vontade é o único princípio de todas as leis morais e dos deveres conformes a elas: contrariamente, toda a* heteronomia *do arbítrio não só não funda obrigação alguma, mas, antes, contraria o princípio da mesma e da moralidade da vontade. Uma vontade, à qual unicamente a simples forma legislativa da máxima pode servir de lei, é livre. [...] Portanto, liberdade e lei prática incondicionada referem-se reciprocamente.*[172]

Assim, a filosofia kantiana confere à lei moral o grau de santidade. Isso se explica pelo princípio de autonomia da razão, isto é, a autonomia da vontade se dá a sua própria lei racional. Nesse caso, o sujeito não pode negar (violar)

---

[171] LEVINAS, E. *Totalidade e infinito*. Lisboa: Edições 70, 2000, p. 224. Grifo nosso.

[172] KANT, I. *Crítica da razão prática*. Trad. Valério Rohden. São Paulo: Martins Fontes, 2002, pp. 48-55. Grifo do autor.

o dever moral enquanto princípio, uma vez que a moralidade é o elemento essencial contido no dever. Logo, agir por dever é a única possibilidade que o homem encontra de tornar-se virtuoso e de elevar-se ao infinito.

> *A lei moral é santa (inviolável). O homem é deveras bastante ímpio, mas a* humanidade *em sua pessoa tem que ser santa. [...] somente o homem, e com ele cada criatura racional, é* fim em si mesmo. *Ou seja, ele é o sujeito da lei moral, que é santa em virtude da autonomia de sua liberdade.*[173]

No entanto, o homem, na sua condição de finitude, não tem a possibilidade de tornar-se santo. Essa consideração é esclarecida por Kant devido ao amor próprio também presente no homem que o leva a agir não por dever, mas por uma motivação sensível. Devido a isso, a felicidade não se constitui como princípio da ação moral. Ela é um elemento da heteronomia e não fim em si mesma.

Para Kant, a felicidade pode ser consequência da ação moral, mas nunca a causa da ação. No entanto, para que haja a possibilidade de alcançar a felicidade, o homem deve ser digno dela. Dessa forma, a consequência em agir por dever constitui-se como dignidade. "A moral tampouco é propriamente a doutrina de como nos *fazemos* felizes, mas de como devemos *tornar-nos* dignos da felicidade."[174] A moralidade, portanto, é *des*inter*ess*ada. Trata-se de uma ação gratuita, que não almeja a um fim palpável, mas encerra-se na busca pelo fim em si mesma. Assim, agir por dever refere-se a elevar a máxima subjetiva ao princípio de uma legislação universal: "Age de tal modo que a máxima de tua vontade possa sempre valer ao mesmo tempo como princípio de uma legislação universal".[175]

Na filosofia kantiana, o respeito como fator da responsabilidade é elaborado na segunda formulação do imperativo categórico: "Age de tal maneira que use a humanidade, tanto na sua pessoa como na pessoa de qualquer *outro*, sempre e simultaneamente como fim e nunca simplesmente como meio"[176].

---

[173] *Ibid.*, p. 141. Grifo do autor.

[174] KANT, I. *Crítica da razão prática.* Trad. Valério Rohden. São Paulo: Martins Fontes, 2002, p. 209. Grifo do autor.

[175] *Ibid.*, p. 51.

[176] KANT, I. *Fundamentação da metafísica dos costumes.* Trad. Paulo Quintela. São Paulo: Abril Cultural, 1980, p. 135. Coleção Os Pensadores, Grifo nosso.

Mesmo fazendo referência ao outro, a ética kantiana propugna que "o respeito pela lei moral é o único e ao mesmo tempo indubitável motivo moral".[177]

Diferentemente de Kant, Levinas defende que a resposta moral não é um dever da razão, não é uma prescrição normativa, mas responsabilidade originária trazida pelo outro. O *rosto* em sua transcendência e santidade (separado) desperta no sujeito o acolhimento da invocação de cuidado. Em outras palavras, a alteridade convoca o sujeito para a relação ética. Essa invocação é inviolável! Portanto, esquecer do outro ser humano, não o acolher ou não lhe responder a altura – isto é, eticamente – é deixar de acolher a santidade que emana de seu *rosto*.

Ademais, o vestígio do infinito se passa no *rosto* trazendo a interpelação de justiça e a palavra de cuidado. Dessa forma, provoca uma afecção na subjetividade como sensibilidade. O *rosto* incita o sujeito a querer algo que não pode ter, ou seja, o *rosto* suscita o desejo. Como bondade que emana do *rosto*, o desejo metafísico é insaciável. Nesse sentido, o sujeito nunca abarcou nem abarcará o outro em si mesmo, pois o apelo de justiça e bondade suscitado pelo *rosto* mostra-se como desejo crescente que não se esgota, mas move-se infinitamente. Assim, a subjetividade é constituída pela lei do desejo que é mais antiga do que a lei da razão prática.

A santidade do *rosto* aparece como exigência de bondade, amor e justiça que não se esgota. Por se tratar de uma afecção promovida pelo *rosto* do outro se pode dizer que a santidade da relação ética acontece no âmbito da sensibilidade.

Segundo Levinas, o agir ético tem como origem a heteronomia, uma vez que é a alteridade do *rosto* que investe a subjetividade de responsabilidade e de liberdade. Nesse sentido, a incumbência de responsabilidade não advém de uma máxima da autonomia. Mais do que seguir uma regra da razão, significa um excedente de responsabilidades e obrigações para com outrem. Trata-se, portanto, da constituição da subjetividade como privilégio ético ou como *eleição*.

> *No momento em que sou responsável pelo outro, eu sou* único. *Eu sou único enquanto* insubstituível, *enquanto* eleito *para responder por ele.* Responsabilidade *vivenciada como* eleição. *O responsável não podendo passar o apelo recebido e sua função*

---

[177] KANT, I. *Crítica da razão prática*. Trad. Valério Rohden. São Paulo: Martins Fontes, 2002, p. 127.

> a algum outro; eticamente, a responsabilidade é irrecusável. [...] O que me obriga a buscar justiça, é o fato de que sou responsável pelo outro homem. Eu chamei essa unicidade do **eu** na responsabilidade de sua eleição.[178]

A responsabilidade é concebida como um "princípio" da heteronomia uma vez que elege o sujeito como responsável e incita-o à resposta. Sendo insubstituível no acolhimento e sua tarefa irrecusável, a subjetividade se fará nesse mesmo movimento de identificar-se com a responsabilidade. Para Levinas, a responsabilidade se erige como o próprio conteúdo da subjetividade. Nesse caso, o reconhecimento da dignidade humana não pode ser alcançado pela consciência do dever, antes, a dignidade se faz na presença de outrem, no respeito pela santidade do *rosto*. Trata-se de respeitar a alteridade em sua diferença sem ser-lhe indiferente. De maneira radical, a dignidade do sujeito corresponde à felicidade e ao bem do outro humano, isto é, a subjetividade é o valor do sujeito como responsabilidade pelo outro sem ter escolhido a responsabilidade como atributo da liberdade. Assim,

> na moralidade como responsabilidade na proximidade do próximo, o agir é movido pelo contato com o mandamento do **rosto** que manda somente aquilo que me faz livre para amar sua lei. A palavra do rosto *se dirige ao* eu *que, por sua vez, vive de responder ao próximo e tão somente ao próximo mais próximo e não ao princípio* rosto, *que a princípio poderia ser pensado na sua similitude ao imperativo moral de Kant. Nessa perspectiva a ética levinasiana pode ser considerada aporética, irracional e sem fundamento, embora perfeitamente razoável e justificável!*[179]

Com efeito, a felicidade não se refere a uma satisfação pessoal/subjetiva, à pretensa satisfação do desejo fruitivo. Trata-se, na verdade, de uma *in-felicidade*, isto é, é no cuidado e na preocupação pelo bem do outro que ele me investe de sua felicidade ou de seu bem. Em outras palavras, o outro esvazia o sujeito de sua autonomia para encarregá-lo da paz – promoção do outro como bondade. Assim, a felicidade não pode ser esperada, como no sentido kantiano, mas pode ser realizada no mundo através da eleição. Nisso consiste a subjetividade do sujeito exposto ao apelo do outro.

---

[178] POIRIÉ, F. *Emmanuel Levinas: ensaio e entrevistas.* São Paulo: Perspectiva, 2007, p. 108. Grifo nosso.

[179] RIBEIRO JR, N. *Sabedoria da paz: ética e teo-lógica em Emmanuel Levinas.* São Paulo: Loyola, 2008, p. 297. Grifo do autor.

Ser eleito significa, antes de tudo, tomar a responsabilidade *pelo* e *para* o outro. Chegar já de mãos cheias para dar ao outro e receber a obrigação de cuidar e de se sacrificar por um desconhecido. De modo que a presença/ausência do mandamento do *rosto* não exerce violência sobre o sujeito. Não fere sua liberdade, ao contrário, implanta-a como responsabilidade.

Sob a tônica da "metafísica" levinasiana, pode-se observar no pensamento da alteridade um dinamismo que concerne à subjetividade enquanto sensibilidade ética. Chamada a responder ao ordenamento moral, ela realiza o movimento de transcendência. Não se trata, porém, de projetar-se para "fora do mundo" ou de alcançar um *status* inteligível do primado ético. O sujeito transcende na medida em que se posiciona como corpo responsivo, abre-se em hospitalidade e agradece por ter sido eleito.

Nesse sentido, transcender significa: a subjetividade se sentindo agradecida pela possibilidade de sentir, pois recebeu da epifania do *rosto* o investimento de sentido e de responsabilidade para se situar como humana. Dessa forma, o seu corpo encontra-se como que em constante *significância*, isto é, significa-se como responsabilidade tornando-se capaz de se doar para o outro.

Tal significância mostra que a subjetividade consiste no ato mesmo de o sujeito se significar como *des*inter*ess*amento ou esvaziamento do Ser. Essa maneira de conceber a subjetividade é própria do estatuto pós-metafísico da filosofia levinasiana rompendo os limites da visão da subjetividade como tempo em Heidegger.

Entretanto, uma vez que a subjetividade é abordada como sinônimo da responsabilidade trata-se de avançar e mostrar o conteúdo específico dessa responsabilidade ao realizar como fissão do núcleo do sujeito. Para tal, é necessário deslocar o problema da constituição da subjetividade como responsabilidade para o problema da subjetividade como linguagem ética.

Ao vivenciar o peso responsivo, a subjetividade como sensibilidade ética, corpo e carne, passa a existir de *outro modo*. Não mais existe *em si* e *para si* requerendo-se como fim em si mesma. Mas, situa-se como linguagem *se dizendo* na abertura para o outro. No entanto, essa conjuntura tornar-se-á contundente na análise da radicalidade da subjetividade como substituição.

3
Subjetividade como substituição na ética da alteridade

> *O "amar os outros" é tão vasto que inclui até o perdão para mim mesma com o que sobra.*
> (Clarice Lispector)

O período ético da filosofia da alteridade tem como chave de investigação o deslocamento da linguagem ontológica. A subjetividade ordenada à responsabilidade fora analisada em relação aos aspectos metafísicos viabilizando a concreção da evasão do pensamento da totalidade. De forma mais radical, o terceiro período consolidará a ruptura de tal pensamento cuja ontologia é o seu *conatus*, cujo impacto repercute na própria tematização do *conatus* filosófico da subjetividade. Trata-se de investigar a sensibilidade como linguagem eminentemente ética.

Para tanto, o caminho a seguir passa pela intriga ética encontrada no contato com a alteridade e pelas considerações entre o *dizer* e o *dito* tal como Levinas os aborda em contraposição ao pensamento de Heidegger[180] após *Ser e tempo*. Desse modo, a investigação sobre a linguagem primeva da sensibilidade responsiva indicará para a subjetividade a precedência do *dizer* frente ao *dito*.

3.1. Linguagem ética

3.1.1. O *con-tato* como expressão do corpo a corpo

A trajetória da relação entre o outro e o sujeito em *Totalidade e infinito* encontra-se ainda descrita sob as malhas da linguagem ontológica. As considerações sobre a subjetividade como fruição, sua sensibilidade e sua interioridade mostraram-se como o movimento de *posição* do sujeito frente ao Ser.

---

[180] HEIDEGGER, M. Tempo e ser. Em: *Conferências e escritos filosóficos*. Trad. Ernildo Stein. São Paulo: Abril Cultural, 1979, pp. 255-271. Coleção Os Pensadores.

O *rosto* e a sua interpelação de cuidado indicaram o início do caminho para a *deposição* da autonomia do sujeito frente à alteridade. De fato, *Totalidade e infinito* empenha-se em sair do pensamento da totalidade.

No entanto, o modo como Levinas conduz a investigação no primeiro e segundo períodos revelam ainda resquícios da linguagem ontológica. Diferentemente, os escritos filosóficos do terceiro período[181] terão como chave de investigação o deslocamento da linguagem ontológica para a linguagem ética.

A questão ética em *Totalidade e infinito* propugnada como relação ética do face a face acentuou os elementos de assimetria e de diacronia da relação com o outro sob o enfoque da "metafísica". De maneira mais radical, *Autrement Qu'être* conduz a investigação filosófica sob o regime da linguagem ética. Nesse caso, o contato com o outro será descrito como proximidade. Trata-se de sair do âmbito da relação ou da experiência ética para lançar-se na *exposição* absoluta ao outro como *des-*inter*ess*amento.

Para tanto, o autor remeterá a constituição da subjetividade a uma situação anterior e além do Ser, visando alcançar a condição pré-original do humano como *um-para-o-outro*. Em vista disso, tanto a subjetividade quanto a alteridade serão articuladas com base em uma linguagem que extrapola os limites do discurso do saber e as competências enunciativas do sujeito. Uma vez que se ateve a *excendência* do Ser, a investigação sobre a linguagem ética precederá a concepção de subjetividade como hipóstase, ora trabalhado em *Totalidade e infinito*.

Levinas volta-se para a fenomenologia para desvelar o sentido da linguagem ética. Redescobre no conceito de *consciência de,* trabalhado por Husserl, o início do caminho para opor-se à linguagem objetivante do Ser. Na medida em que os fenômenos afetam o sujeito, ele atribui sentido e significado às coisas do mundo. No entanto, os fenômenos não aparecem *a priori* para a tematização, antes, eles se colocam ao nível da sensação.[182] Segundo Levinas, a estrutura da intencionalidade ligada à sensação é originariamente contato e não tematização. A relação entre o sujeito e as coisas do mundo é compreendida a partir da proximidade sem reflexão. Assim,

---

[181] No período ético da filosofia levinasiana destacam-se as seguintes obras: *Autrement Qu'être ou Au-delà de L'essence*; *De Deus que vem a ideia*; *Humanismo do outro homem*; *Deus, a morte e o tempo*; *Hors Sujet*; *Quatro leituras talmúdicas*, *Entre nós: ensaios sobre a alteridade*; *Transcendência e inteligibilidade*; *Liberté et Commandement*; *Les Imprevus de l'Histoire*; *Sur Maurice Blanchot*. Além das principais obras mencionadas, vale dizer de outros textos importantes do terceiro período como: "Enigma e fenômeno" e "Linguagem e proximidade", ambos na obra *Descobrindo a existência com Husserl e Heidegger*.

[182] LEVINAS, E. *Descobrindo a existência com Husserl e Heidegger*. Instituto Piaget, 1997, p. 277; RIBEIRO JR, N. *Sabedoria da paz: ética e teo-lógica em Emmanuel Levinas*. São Paulo: Loyola, 2008, pp. 48-49.

> *a coisa é visada pela subjetividade, como corporeidade. Esse ato de visar a algo ou a alguma coisa é visto como um movimento corpóreo à coisa, isto é, uma aproximação da coisa que, por sua vez, se aproxima de mim e, nesse movimento, constitui--se uma* pró-*tensão ou* pré-*intensão sensível*.[183]

No movimento de aproximação, os objetos e as coisas do mundo cercam – obcecam – o sujeito de tal forma que sua intenção é imediatamente mediada pelo corpo. Nesse caso, as coisas entram em contato com o corpo proporcionando uma experiência sem reflexão, mas sem desconsiderar o movimento senciente da subjetividade. Os sentidos trazem uma *pré*-intenção que movimenta cinestesicamente o sujeito a se autocompreender como corpo. Assim, intencionar alguma coisa é primeiro entrar no fluxo corpóreo das sensações. Somente após a afecção promovida pelo contato com as coisas será possível à *consciência de*, agir para se referir a experiência do mundo à significação ou ao sentido.

Segundo Levinas, a mudança no registro da intencionalidade como proximidade sem reflexão produz uma alteração ímpar na concepção de linguagem. A linguagem não é considerada como comunicação de ideias sobre um objeto. Ela será entendida no regime da fenomenologia como proclamação/querigma. No contato com as coisas, a consciência enquanto linguagem mostra-se capaz de declarar o valor das coisas sem remetê-las imediatamente à idealização. Ou seja, somente o sujeito situado e afetado pelas coisas do mundo é capaz de interromper a assimilação da linguagem da razão conceitual que prima pela significação do ser e reduz a ação ética aos princípios da razão universal do sujeito moral.

A contribuição de Husserl foi determinante no sentido de elevar filosoficamente a corporeidade ao nível da sensação anterior ao saber tematizante. Entretanto, Levinas se distanciará de seu precursor. Para o filósofo lituano, o corpo será percebido como proximidade do outro no evento da aproximação do seu olhar/palavra e do seu corpo. O contato com o outro não é uma coisa do mundo vivido que afeta e se manifesta ao sujeito. O contato com o outro "é pura aproximação e proximidade, irredutível à experiência da proximidade".[184] Trata-se de uma situação que não se deixa reduzir à experiência do tato. Ao mesmo tempo, o contato causa uma "obsessão" responsiva na subjetividade, pois ela se vê cercada por todos os lados – obcecada

---

[183] RIBEIRO JR, N. *Sabedoria da paz: ética e teo-lógica em Emmanuel Levinas*. São Paulo: Loyola, 2008, p. 49. Grifo do autor.

[184] LEVINAS, E. *Descobrindo a existência com Husserl e Heidegger*. Instituto Piaget, 1997, p. 277.

– pela constante aproximação do outro.[185] O corpo do outro aproxima-se ultrapassando qualquer forma de contato que o sujeito possa ter na relação com o mundo vivido.

No terceiro período, a aproximação acontece devido à maneira como Levinas percebe o outro. Em *Totalidade e infinito* refere-se ao outro como *rosto* nu do qual procede o chamado à responsabilidade. Em *Autrement Qu'être*, acontece uma guinada na investigação filosófica. O outro será percebido como pele nua, carne desamparada, corpo sedento de justiça. "É a imediatez de uma pele ou de um rosto, de uma pele que sempre é modificação de um rosto que se densifica dentro de uma pele."[186] A linguagem do *rosto – não matarás –* sofrerá uma modificação passando a ser associada imediatamente à linguagem do corpo. Linguagem que não perpetua em mensagens, mas é a própria carne e pele da subjetividade como *dizer* carregando a carne e o corpo do outro.

Entretanto, o outro é inatingível pela consciência transcendental. Melhor. A proximidade do outro interrompe a pretensão reducionista da consciência. Sua exterioridade e anterioridade em relação ao sujeito não permitem que ele retorne e repouse na intencionalidade. A proximidade do outro persegue e desperta a subjetividade da temporalidade da consciência intencional. Trata-se da aproximação do próximo como tempo anacrônico. "A consciência chega sempre atrasada ao encontro com o próximo, o *eu* é falível na consciência que tem do próximo [...]. O próximo não está à medida e ao ritmo da consciência."[187] No contato com o outro, portanto, na expressão do corpo a corpo será plasmada a *intriga* da linguagem ética porque a aproximação do outro desloca o sujeito para um tempo e lugar para além da consciência.

A ética como linguagem em Levinas surte maior impacto ao ser confrontada com a linguagem ontológica de Heidegger de *Tempo e ser*. Na análise existencial, tal como abordada no primeiro capítulo deste livro, Heidegger compreende o *Dasein* como a maneira privilegiada do Ser aparecer e se manifestar. Assim, o pensamento do primeiro Heidegger em *Sein und Zeit* é fecundo quanto à maneira de se compreender a manifestação do Ser no existir autêntico do *Dasein*. Interessava-lhe a assunção da existência do *ser-aí* na compreensão do Ser enquanto *ser-para-a-morte*.

---

[185] LEVINAS, E. *Descobrindo a existência com Husserl e Heidegger.* Instituto Piaget, 1997, p. 284. LEVINAS, E. *De Otro Modo que Ser: o Más Allá de la Esencia.* 4ª ed. Salamanca: Ediciones Sígueme, 2003, p. 148.

[186] LEVINAS, E. *De Otro Modo que Ser: o Más Allá de la Esencia.* 4ª ed. Salamanca: Ediciones Sígueme, 2003, p. 145.

[187] LEVINAS, E. *Descobrindo a existência com Husserl e Heidegger.* Instituto Piaget, 1997, p. 280.

Paulatinamente, a ontologia existencial cederá lugar para a hermenêutica ontológica da linguagem. Ao retornar aos pré-socráticos, o pensamento de Heidegger prima por analisar, por meio de textos, fábulas e narrativas, a maneira como acontece o desvelamento do Ser como linguagem, isto é, como o Ser se expressa, como *dizer* sem se reduzir plenamente em um *dito* enunciativo da linguagem humana. Trata-se da preocupação com a verbalidade do Ser como modo da existência *se dizer* no existente. Na transição da ontologia existencial à hermenêutica, "o *Dasein* deixa de ser enfatizado como *ser-aí*, para ser o 'pastor do Ser', ou o guardião das palavras".[188] Desse modo, caberá ao homem cuidar da forma linguística do Ser enquanto *dizer*, sem esgotá-lo na forma contextualizada do *dito*.

Entretanto, Levinas critica a ontologia hermenêutica heideggeriana na medida em que esta reflete uma indiferença à questão ética primeva. Heidegger, ao elevar o Ser ao âmbito da linguagem preservando-o do ambiente ôntico, mostrou-se indiferente ao outro humano. A palavra do outro humano foi suprimida pelo *dizer* do Ser e o *Dasein* ficou destinado a ser o portador de sua mensagem nas diversas formas de discurso.

Portanto, será a partir da anfibologia do *dizer/dito* anunciada por Heidegger que se assentarão as análises do terceiro período levinasiano. No confronto com a linguagem heideggeriana do *dizer* no Ser, Levinas propõe a ética como *dizer*. Trata-se da linguagem como contato, isto é, na aproximação do outro há um *dizer* anterior ao *dito*. O *dizer* advém do outro para além do ser como Bem e encontra no corpo exposto do outro homem uma significação anterior às palavras. A aproximação do próximo como *dizer* além do Ser remeterá a uma subjetividade que se faz signo como responsabilidade pelo outro humano.[189]

Para Levinas, a linguagem como contato "é a linguagem original, linguagem sem palavras nem proposições, pura comunicação".[190] A proximidade do outro não se converte em estrutura linguística. Ela aparece antes como linguagem anterior à língua. A originalidade da comunicação do outro como rosto/corpo encontra-se, portanto, na convocação e eleição que o outro inaugura diante da subjetividade para que possa se constituir como responsabilidade. Por isso, a linguagem da aproximação do outro como corpo/rosto traz consigo a

---

[188] RIBEIRO JR, N. *Sabedoria da paz: ética e teo-lógica em Emmanuel Levinas*. São Paulo: Loyola, 2008, p. 337. Nota 89.

[189] LEVINAS, E. *De Otro Modo que Ser: o Más allá de la Esencia*. 4ª ed. Salamanca: Ediciones Sígueme, 2003, p. 99.

[190] LEVINAS, E. *Descobrindo a existência com Husserl e Heidegger*. Instituto Piaget, 1997, p. 279.

significância ética ao se fazer próximo. Trata-se da expressão do corpo como nudez que no contato com a subjetividade coloca-a em exposição total e inalienável. Diante desse modo de conduzir o sentido da linguagem, o contato com o outro emergirá como diacronia da linguagem ética, enquanto um *dizer* anterior a qualquer *dito* da subjetividade que tematize o *dizer* da aproximação de outrem.

3.1.2. Subjetividade e o dito

A relação entre a subjetividade e a alteridade acontece pela mediação do discurso.[191] Em *Totalidade e infinito*, a metafísica pós-metafísica da separação realizada na relação eu-outrem e o regime da transcendência do outro são sustentadas pela linguagem. Nesse contexto, a subjetividade assumia o caráter linguístico do fazer-se ou tornar-se responsável como ato de fala.

Entretanto, em *Autrement Qu'être*, a linguagem não se reduz à articulação de signos verbais voltados para a compreensão do mundo, do outro e de si mesmo. Romper com a totalidade do ser não é apenas uma operação processada pelo pensamento. Antes, o discurso apresenta-se como revelação ética na palavra do *rosto*.

> *Na sua função de expressão, a linguagem mantém precisamente o outro a quem se dirige, que interpela ou invoca. É verdade que a linguagem não consiste em invocá-lo como ser representado e pensado. Mas é por isso que a linguagem instaura uma relação irredutível à relação sujeito-objeto: a* revelação *do Outro. É nessa revelação que a linguagem, como sistemas de signos, somente pode constituir-se [...]. A linguagem longe de supor universalidade e generalidade, torna-as apenas possíveis. A linguagem supõe interlocutores, uma pluralidade. O seu comércio não é a representação de um pelo outro, nem uma participação na universalidade, no plano comum da linguagem. O seu comércio, di-lo-emos desde já, é ético.*[192]

O encontro com outrem já é discurso, pois o *rosto* fala. O falar remete a uma dimensão mais profunda e originária da relação ética. Assim, a intriga ética traz à tona uma significação anterior ao tema do que se fala e às convenções linguísticas da cultura e da história. O discurso trará, portanto, uma

---

[191] Nessa investigação utilizaremos linguagem e discurso com o mesmo significado.

[192] LEVINAS, E. *Totalidade e infinito*. Lisboa: Edições 70, 2000, p. 60. Grifo do autor.

significação além e aquém da verbalidade do Ser. Trata-se, segundo Levinas, do *dizer* pré-original que não se encontra apenas em função do *dito* ou da linguagem que posteriormente ao *dizer* tematiza a responsabilidade.

A análise levinasiana propugna a retirada da anfibologia do *dizer/dito* dos domínios do Ser. Segundo Levinas, Heidegger, ao analisar o Ser se dizendo no *ser-aí,* não levou em consideração o fato de o *Dasein* ser "sensibilidade"[193] em relação ao outro e não em relação ao Ser. Desse modo, toda afecção sentida pelo *ser-aí* seria proporcionada e estaria atrelada ao Ser. Disso resulta a constatação levinasiana de que a afecção do *Dasein* pelo Ser é na verdade uma *autoafecção*. Nesse sentido, "no horizonte da ontologia, é o *mesmo* do Ser do *Dasein* que retorna sempre a si diante da morte. Nesse caso, o *dito* do *Dasein* sobre o Ser jamais deixará de ser expressão de um *dizer* apofântico do Ser".[194]

Segundo Levinas, o fato de o *Dasein* ser sensibilidade possibilita pensar uma afecção que advém de outro lugar que não o Ser. Trata-se da irrupção de uma exterioridade para além do Ser, e, nesse caso, impossível de ser sincronizada na verbalidade do Ser como *dizer* ou como eco de um *dito*. Esse *outro* é a proximidade do próximo irrompendo como corpo na sua nudez. Sua aproximação interrompe o movimento do *ser-aí* se dizendo no Ser. O outro anuncia sua fome de justiça afetando o sujeito de tal forma que essa afecção não se deixa apreender na esfera do *logos*.

> *A afecção vem do indizível, o sem medida e o não tematizável* outro *como próximo, que traumatiza a subjetividade. Não sendo resultado da* com-*preensão, essa afecção dá-se segundo o corpo a corpo; um contato perpassado pela linguagem da* ex-*posição ao outro*.[195]

Na hermenêutica do *dizer/dito* em Heidegger, o *Dasein* ao *dizer* o Ser manifesta a generosidade do Ser como *dom*. Entretanto, Levinas insiste que o Ser ao se manifestar naquele que o diz e naquilo que é dito pelo *ser-aí* acaba por comprometer a unicidade de *quem* diz o Ser.[196] Ora, uma linguagem que insiste em retornar sobre a pergunta pelo Ser é incapaz de responder por

---

[193] RIBEIRO JR, N. *Sabedoria da paz: ética e teo-lógica em Emmanuel Levinas.* São Paulo: Loyola, 2008, p. 339.

[194] *Ibid.*, p. 339. Grifo do autor.

[195] RIBEIRO JR, N. *Sabedoria da paz: ética e teo-lógica em Emmanuel Levinas.* São Paulo: Loyola, 2008, p. 339. Grifo do autor.

[196] LEVINAS, E. *De Otro Modo que Ser: o Más Allá de la Esencia.* 4ª ed. Salamanca: Ediciones Sígueme, 2003, p. 71.

aquele que se pergunta pelo *dizer* do Ser. Como guardião do Ser, o *Dasein* na verdade não responde pelo ser, apenas cuida dele e deixa que ele se expresse nos diversos *ditos* da linguagem humana.

> *Na hermenêutica do* dizer/dito, *a linguagem ou o texto, a palavra pronunciada, não é de alguém* ex-posto *ou responsável pelo outro, e nem se trata de uma palavra sobre algo que é tornado dom ao outro homem. Trata-se, antes, de uma linguagem anônima do dom do Ser nos ditos do* dizer.[197]

Dessa forma, segundo Levinas, o Ser como linguagem compromete a unicidade da subjetividade remetendo-a à alienação e ao anonimato de sua verbalidade. Isso se justifica na medida em que o *ser-aí* ao *dizer* e *se dizer* no Ser anuncia a forma substantivada da enunciação, sendo reduzida na expressão: *eis-aí o ser*. Desse modo, o Ser como *dizer* fere a unicidade do sujeito como Nome Próprio, uma vez que no âmbito do Ser não há espaço para um *dizer-resposta* ao próximo como realização ou passividade ética da subjetividade.

Diante do problema da unicidade do sujeito no Ser, Levinas insiste que somente a irrupção de uma proximidade que desenlace a sincronização da anfibologia do *dizer/dito* é capaz de levar a subjetividade a readquirir seu estatuto ético. Na proximidade do próximo e na interpelação de seu rosto/corpo exposto, a subjetividade é convocada a fazer-se linguagem responsiva à aproximação do próximo. Dessa forma, a afecção provocada pelo próximo/corpo de outrem não se deixa reduzir à questão hermenêutica ontológica da anfibologia *dizer/dito*.

A unicidade da subjetividade ética levinasiana encontrar-se-á em gestação no ato de responder se expondo como corpo ao outro, isto é, ao responsabilizar-se pelo próximo na sua vulnerabilidade de outrem. Assim, "quem" pergunta não pergunta mais pelo ser, mas é afetado e aproximado pelo outro. De maneira paradoxal, o sujeito, ao se perguntar sobre o outro, vai cedendo o espaço de sua identidade hipostática à afecção do próximo ao mesmo tempo em que sua unicidade vai sendo configurada como resposta, como corpo ao outro e pelo outro. Trata-se da subjetividade como sensibilidade no acusativo da linguagem: *eis-me aqui*.[198]

---

[197] RIBEIRO JR, N. *Sabedoria da paz: ética e teo-lógica em Emmanuel Levinas*. São Paulo: Loyola, 2008, p. 341. Grifo do autor.

[198] "Na intimação, o pronome *eu* está no acusativo: significa *eis-me aqui*". LEVINAS, E. *Deus, a morte e o tempo*. Coimbra: Almedina, 2003, p. 204. Grifo do autor.

Na esteira do *dizer/dito* heideggeriano, o *dizer* se apresenta como *dom*. Trata-se da generosidade do Ser em *se dizer* no homem. "A generosidade do Ser no *dizer* só pode ser dita pelo *dito*."[199] O *dito* manifesta o *dizer* em várias formas de linguagem, mas não é capaz de esgotá-lo. Heidegger, ao retornar aos pré-socráticos, desvela a generosidade do Ser principalmente no discurso da poética. Através de narrativas e da escritura, o Ser se diz para além da linguagem mensurável da técnica e da teoria.

Entretanto, Levinas desconfia da generosidade/dom do Ser e se opõe ao *dizer* do Ser no *dito* poético. Segundo o autor, a variedade dos *ditos* do Ser na verdade esconde o horror do *Il y a*. Isso se justifica na medida em que o discurso poético como *dito* exalta o se *dizer* do Ser em detrimento da possibilidade de o sujeito *se dizer* a outrem. Existe, portanto, o risco de a subjetividade ser absorvida no interior do *dito* tornando-se anônima. Ou seja, um anonimato empreendido pelo Ser, uma vez que Heidegger considera como função do humano ser guardião das palavras do Ser.

Em contrapartida, a leitura levinasiana propõe um retorno aos profetas para desvelar "um *dizer* que se diz no *se dizer* de um Nome Próprio".[200] Trata-se de buscar na inspiração talmúdica uma linguagem do *dizer* ético que precede o *dizer* ontológico. No entanto, a tradição profética, segundo Levinas, ensina que o *se dizer* ético não compromete a unicidade do sujeito. Ao contrário, a constitui. A subjetividade, no contexto da linguagem ética, se constitui assumindo a responsabilidade movida pela escuta da interpelação que advém do *dizer* da proximidade do outro como próximo.

> Os homens não estão apenas, e na sua última essência, como pessoas para si, mas para os outros [...]. Nada me é mais estranho do que o outro, nada me é mais íntimo do que eu a mim-mesmo. Israel ensinaria que a derradeira intimidade de mim para comigo-mesmo consiste em ser a todo o momento responsável pelos outros, refém dos outros. Eu posso ser responsável pelo que não cometi e assumir uma miséria que não é minha.[201]

---

[199] LEVINAS, E. *De Otro Modo que Ser: o Más Allá de la Esencia*. 4ª ed. Salamanca: Ediciones Sígueme, 2003, pp. 84-85. Neste estudo optamos pela tradução para o espanhol da obra *Autrement Qu'Être ou Au-delà de L'essence*. Todas as citações da obra referida neste livro foram traduzidas por nós para o português.

[200] RIBEIRO JR, N. *Sabedoria da paz: ética e teo-lógica em Emmanuel Levinas*. São Paulo: Loyola, 2008, p. 343. Grifo do autor.

[201] LEVINAS, E. *Quatro leituras talmúdicas*. São Paulo: Perspectiva, 2003, pp. 167-168. Grifo do autor. LEVINAS, E. *De Otro Modo que Ser: o Más Allá de la Esencia*. 4ª ed. Salamanca: Ediciones Sígueme, 2003, p. 187.

No intuito de superar a visão de subjetividade como linguagem da ontologia para expressar a linguagem como ética, o filósofo insiste na configuração de uma subjetividade no acusativo. Devido à proximidade do outro como próximo, o *dizer* ético *se diz* na palavra/resposta da subjetividade, isto é, a subjetividade se apresenta como resposta/responsabilidade *para-o-outro* em uma situação mais antiga que a resposta do *dom* do Ser. Como resposta anterior ao *dizer* do Ser, a subjetividade *se diz* como *dom* ao outro. Trata-se, sobretudo, de *se fazer* signo ao outro como linguagem ética da substituição. Expor-se como *si* já é encontrar-se afetada pelo *dizer* do corpo/rosto do outro. Assim, a expressão *eis-me aqui* antecede qualquer articulação do discurso enunciativo para mostrar-se como "corpo de carne"[202] dado a outrem.

A partir dessa leitura, Levinas insiste que, em certo sentido, a esfera do *dito* coincide com o discurso da ontologia. Como verbalidade do verbo ser, o *dito* enuncia a essência ontológica e opera a identificação entre um signo e um significado, atribuindo um sentido à realidade do mundo. "Pode-se dizer que a linguagem é, enquanto *dito*, um sistema de nomes que identifica certas entidades, substâncias, acontecimentos e relações."[203] Em vista disso, o *dito,* ao proclamar e identificar o sentido, encerra em si a significação da essência. Ao mesmo tempo, o *dito* é necessário, pois põe em movimento a transmissão do saber conceitual. O fato é que o *dito,* ao identificar as coisas e as relações no mundo, possibilita a estruturação de instituições e a concreção da ética no meio social.

Dessa forma, o *dito* fixa a linguagem ao conceito com a pretensão de capturar a totalidade de sentido do mundo. Nesse âmbito, a linguagem desvela o ser remetendo-o para o pensamento enquanto verbalidade do Ser. A palavra designa as coisas enquanto tal. Esse fato possibilita ao homem transmitir o significado da vida através da cultura. O *dito*, portanto, nomeia, propõe e ordena o mundo possibilitando a compreensão de signos, símbolos e significados através do tempo e de maneira sincrônica.

Segundo Levinas, a primeira palavra do *dito* é o verbo ser. Dessa forma, o conteúdo expresso pela palavra contém em si aquilo que desde sempre já foi *dito*. Trata-se do verbo como palavra que possui uma correspondência imediata com o Ser. Assim, tudo o que a linguagem revela encontra-se no verbo, e, esse retorna ao Ser como repetição e força do próprio Ser.

---

[202] LEVINAS, E. *De Otro Modo que Ser: o Más Allá de la Esencia*. 4ª ed. Salamanca: Ediciones Sígueme, 2003, pp. 137-138.

[203] FABRI, M. *Desencantando a ontologia: subjetividade e sentido ético em Levinas*. Porto Alegre: EDIPUCRS, 1997, p. 125. LEVINAS, E. *De Otro Modo que Ser: o Más Allá de la Esencia*. 4ª ed. Salamanca: Ediciones Sígueme, 2003, p. 90.

> No sensível como vivido, a identidade se mostra, faz-se fenômeno, porque no sensível como vivido se entende e "ressoa" a Essência – lapso de tempo e memória que se recupera, consciência; o tempo da consciência é ressonância e entendimento do tempo. Mas essa ambiguidade e essa função gnosiológica da sensibilidade – essa ambiguidade do entendimento e da intuição que não esgota a significância do sensível e a imediatez – é seu jogo lógico e ontológico como consciência [...]. Ao analisar o sensível em meio a ambiguidade da duração e da identidade, que é já a ambiguidade do verbo e do nome que cintila no Dito, nós o encontramos já dito.[204]

Na esfera do *dito*, a sensibilidade é entendida como uma faculdade da intuição que recebe os dados do mundo e os remete à interpretação e à verbalização do Ser. Trata-se da verbalidade do ser sendo dita pela consciência ou pelo *Dasein*. A essência, além de aparecer para a consciência, se temporaliza através da enunciação. O tempo da consciência coincide com a temporalidade da essência. Dessa forma, o sujeito, enquanto *mesmo*, se presentifica no movimento de ressonância do *dito*, isto é, o *Dasein*, ao fazer-se expressão, signo e significado encontra-se subordinado pela totalidade de sentido posta pelo Ser. Nesse processo, acontece a identificação e a sincronização da consciência com o tempo da essência da verbalidade incessante do Ser.

Trata-se, sobretudo, de um jogo como duplicidade de sentido propugnado pela ontologia. A anfibologia do Ser movimenta-se na ressonância do verbo e da essência ao mesmo tempo em que designa e nomeia o ente. Disso resulta a redução do mundo e do outro à suficiência do verbo ser como totalidade de sentido.

Segundo Levinas, no âmbito da totalidade de sentido do Ser, o *dito* ocupa um lugar fundamental na linguagem. "Não resta nenhum tempo para que a linguagem seja outra coisa que um 'já dito'".[205] A sincronia do *dito* enquanto racionalidade lógico-discursiva iguala o diferente ao *mesmo*. No entanto, como já foi assinalado, a alteridade para Levinas carrega um traço enigmático que não se deixa coadunar nem com o *mesmo* nem com o Ser. Portanto, para sair dessa confluência do sentido proposta pelo *dito* será preciso verificar que

---

[204] LEVINAS, E. *De Otro Modo que Ser: o Más Allá de la Esencia*. 4ª ed. Salamanca: Ediciones Sígueme, 2003, p. 85. Grifo do autor.

[205] SOUZA, R. T. de. *Sujeito, ética e história: Levinas, o traumatismo infinito e a crítica da filosofia ocidental*. Porto Alegre: EDIPUCRS, 1999, p. 132. Grifo do autor.

> o Dizer em Levinas não é jogo, pois é anterior a qualquer sistema de signos linguísticos; ele vem antes dos signos verbais que ele mesmo conjuga. Isso significa que o Dizer estabelece uma ordem mais digna que a do Ser. Mais: ele é anterior ao ser. O drama que ele instaura será chamado de responsabilidade.[206]

Não se trata, porém, de rechaçar o *dito* ao âmbito da falta de sentido ou de sua não necessidade no processo de significação do homem. Mas, sim, de esclarecer a irredutibilidade do *dizer* frente ao *dito*. A precedência da aproximação do outro à tematização. A anterioridade da relação ética em termos linguísticos como *outramente que ser: além da essência*.

3.1.3. A *des-medida* ética do dizer

Em contraposição à preeminência do *dizer* no Ser afirmado pelo saber ontológico, Levinas propugna a anterioridade do *dizer* como significação primeva da subjetividade. "Trata-se de uma significação referida ao outro na proximidade que decide sobre qualquer outra relação, que se pode pensar como responsabilidade para com o outro e se poderia chamar humanidade, subjetividade ou *si mesmo*."[207] O *dizer* não é a comunicação de um ato responsivo pelo *dito*. O *dizer* não opera como um mediador linguístico para alcançar a identificação proposta pelo *dito*. De outra maneira, o *dizer* é o modo como se expressa a subjetividade como responsabilidade extrapolando os limites da linguagem ontológica.

O *dizer*, portanto, se significa antes da essência, assim como o mandamento ético – interdito – inscrito no *rosto* do outro. A consciência não consegue apropriar-se nem do *dizer* nem do *rosto*. Em contrapartida, a totalidade de sentido do *dito* requer a tematização operada pela consciência. No terceiro período, Levinas propugna a relação humana em termo ético de significação como sentido outro que o ser. A ruptura com a essência pressupõe, portanto, um movimento que contempla a ambivalência no próprio *dizer* da intriga ética.

---

[206] FABRI, M. *Desencantando a ontologia: subjetividade e sentido ético em Levinas*. Porto Alegre: EDIPUCRS, 1997, p. 117. LEVINAS, E. *De Otro Modo que Ser: o Más Allá de la Esencia*. 4ª ed. Salamanca: Ediciones Sígueme, 2003, p. 48.

[207] LEVINAS, E. *De Otro Modo que Ser: o Más Allá de la Esencia*. 4ª ed. Salamanca: Ediciones Sígueme, 2003, p. 97. Grifo do autor.

> *O* de outro modo que ser *se enuncia em um dizer que também deve desdizer-se para, desse modo, arrancar o* de outro modo que ser *ao dito em que o* de outro modo que ser *começa já a não significar outra coisa* que um ser de outro modo.[208]

Referir-se ao *dizer* ou falar de outrem é, de certo modo, trair a significação ética. Traição ao nível da linguagem enunciativa, pois, ao se falar "sobre" o *dizer* já o subordinamos à esfera do *dito*. Falar ou explicar já pressupõe o âmbito da tematização do que se fala. Esse movimento subjacente ao *dizer* possibilita a manifestação do próprio *dizer* como outro modo que o Ser. Entretanto, para furtar-se aos riscos da linguagem ontológica, Levinas obriga o método fenomenológico a desdobrar-se na linguagem. Para tanto, o filósofo utiliza como recurso a ênfase e as hipérboles.

> *Há outra maneira de justificação de uma ideia pela outra: passar de uma ideia a seu superlativo, até sua ênfase. Eis que uma nova ideia – de forma alguma implicada na primeira – decorre ou emana da ênfase. A nova ideia encontra-se justificada não sobre a base da primeira, mas por sua sublimação. [...] A ênfase significa ao mesmo tempo figura de retórica, excesso da expressão, maneira de se exagerar e maneira de se mostrar. O termo é muito bom, como o termo* hipérbole*: há aquelas em que as noções se transmutam. Descrever essa mutação também é fazer fenomenologia. É a exasperação como método de filosofia!*[209]

Esse recurso é essencial para expressar o drama da subjetividade ética. Entretanto, não se trata de definir pela ênfase e hipérboles o fundamento ou o sentido da subjetividade. O autor não pretende subordinar a subjetividade a uma ética da linguagem para justificar a mudança de registro da linguagem ontológica. O que se pretende mostrar com esse recurso é a passagem de uma subjetividade fruitiva que se posiciona frente ao Ser para uma já afeccionada pelo outro que se diz como *dom* ao outro.

Nesse caso, a subjetividade *ex*-posta ao outro não se põe como atividade e afirmação de *si*, ao contrário, encontra-se fissionada em seu núcleo de sujeito. Tratar assim a linguagem é tentar dizer a subjetividade no *tropos* ético da significância pré-original da situação *an*-árquica na qual se encontra o sujeito hipostático.

---

[208] *Ibid.*, p. 50. Grifo do autor.
[209] LEVINAS, E. *De Deus que vem a ideia*. Petrópolis: Vozes, 2002, pp. 126-127. Grifo do autor.

Em outras palavras, a linguagem hiperbólica da ética levinasiana expressa o *des--interessamento* radical da hipóstase do sujeito provocada pela aproximação do outro como próximo mais perto de mim do que eu de mim mesmo:

> O dizer *ético significa que o homem que substitui o outro é homem antes da essência. Esse* dizer *se instaura graças à intriga com o outro na qual o* eu *se faz ele mesmo amor responsável pelo* outro. *[...] Em outras palavras, o* dizer *é afecção, contato, antes mesmo de ser um olhar dirigido ao próximo.*[210]

A proximidade provoca na subjetividade uma *de*-posição de seu *esse* de hipóstase de tal modo que esse movimento caracteriza-se pela "saída de si, do si mesmo, graças à proximidade ao próximo".[211] Trata-se da exposição da subjetividade ao próximo a ponto de o eu se apresentar no acusativo e de *se dizer* como corpo/responsabilidade pelo outro.

No entanto, o *se dizer* ou *se fazer signo* ao outro não destrói a unicidade do sujeito. Antes, a constitui. No contato com o outro, a subjetividade se vê desnudada, arrancada de *si* (de seu *esse*) em sua pele. Como se escapasse de si mesma para tornar-se mais do que o *eu mesmo de si*.[212] Na afecção, a subjetividade está exposta, vulnerável à proximidade, entregue à responsabilidade como corpo entregue ao outro. Por isso, ela se diz no acusativo: *eis-me aqui*. É puro *dizer sem dito*. O sujeito não chega perto do outro e diz "estou aqui". A linguagem original do *dizer* é *fundamento sem fundamento* de todo discurso. Antes mesmo de pronunciar palavras, a subjetividade *se diz* como corpo entregue *passivamente* para carregar a miséria de outrem que se faz próximo.

Entretanto, seja para sair da linguagem ontológica como para que seja possível dissertar sobre a subjetividade como *dizer indizível*, o próprio *dizer* movimenta-se traindo-se no *dito*. No entanto, esse movimento que trai o *dizer* permanece referido ao âmbito da diacronia, pois, uma vez pensados de maneira simultânea, o *dizer* voltaria à esfera do Ser e do Não Ser, ficando preso à linguagem ontológica do *dito*. Desdizendo-se no *dito*, o *dizer* se diz para além da essência como modo de restrição ao Ser. Assim, a maneira de se referir ao *dizer* como *outro modo que ser* requer a traição e o excesso da linguagem.

---

[210] RIBEIRO JR, N. *Sabedoria da paz: ética e teo-lógica em Emmanuel Levinas.* São Paulo: Loyola, 2008, p. 347. Grifo do autor.

[211] LEVINAS, E. *De Otro Modo que Ser: o Más Allá de la Esencia.* 4ª ed. Salamanca: Ediciones Sígueme, 2003, p. 102.

[212] RIBEIRO JR, N. *Sabedoria da paz: ética e teo-lógica em Emmanuel Levinas.* São Paulo: Loyola, 2008, p. 87. Grifo do autor.

No âmbito do diálogo, o contínuo desdizer radicaliza-se na escuta ou na *ob-audiência* do *dizer* infinito e silencioso do outro. A expressão metafísica do *rosto – não matarás!* – desenvolvida em *Totalidade e infinito* é transmutada, no terceiro período, na linguagem ética da proximidade. O outro e o infinito que se passa no *rosto* do outro como próximo aproxima-se da subjetividade. No acercamento, o corpo/rosto do outro esvazia a subjetividade de sua hipóstase e investe-a de responsabilidade. A proximidade de um ao outro é a "significância mesma da significação"[213] e que em *Autrement Qu'être* se traduz como se *dizer* da subjetividade na exposição ao *dizer* do outro. Trata-se da subjetividade como responsabilidade na passividade da escuta corpórea ou carnal frente à interpelação e à aproximação do outro. Exposição radical ao outro, isto é, no sentido da *de*-posição do ser da hipóstase para constituir-se como *única* para o outro. No âmbito do *dizer* trata-se da expressão *um-para-o-outro*:

> Na expressão um-para-o-outro, o para não se reduz à referência de um dito a um outro dito, de um tematizado a um outro tematizado. [...] O para é o modo como o homem aproxima o seu próximo, o modo pelo qual, com o outro, se instaura uma relação que não é a medida do um. É uma relação de proximidade, na qual se joga a responsabilidade de um pelo outro. Nessa relação há uma inteligibilidade não tematizável, é uma relação que tem sentido por si mesma e não pelo efeito de um tema ou de uma tematização.[214]

O *dito*, portanto, não é capaz de encerrar o excesso de significação ética produzido pelo *dizer*. Na aproximação do próximo em seu *outro modo que ser*, a hipóstase se diz na subjetividade como exceção à regra do Ser. Isso acontece graças à intriga da relação ética. A subjetividade não se encerra na apreensão conceitual e se revela como uma realidade mais fundamental que a ontologia. Ela não pertence ao ser e, ao manifestar-se como *dizer*, a subjetividade encontra-se em um não lugar. Não se trata da falta de sentido ou da identificação à essência ou ao nada, mas do não lugar da subjetividade como acontecimento ético. Ou seja, no âmbito do Ser não há lugar para a subjetividade *como* responsabilidade. Por isso, ela deve recomeçar como acontecimento *outro que ser*. Trata-se de deixar de ser pastora do Ser para constituir-se como guardiã do outro em seu próprio corpo que protege outrem.

---

[213] LEVINAS, E. *De Otro Modo Que Ser: o Más Allá de la Esencia*. 4ª ed. Salamanca: Ediciones Sígueme, 2003, p. 48.

[214] LEVINAS, E. *Deus, a morte e o tempo*. Coimbra: Almedina, 2003, p. 172. Grifo do autor.

De forma hiperbólica, "a subjetividade – lugar e não lugar dessa ruptura – se apresenta como uma *passividade mais passiva que toda passividade*".²¹⁵ Trata-se de uma passividade pré-originária que opera uma inversão na consciência. Na relação de intencionalidade encontra-se um traço da passividade como o *para-si* da subjetividade. Nessa situação, ser passivo é assumir uma experiência sempre antecipada, consentida e ligada à compreensão do Ser.

De outra forma, a passividade aquém a toda passividade revela uma subjetividade *em-si*, não consciência por excelência. Passividade ilimitada da subjetividade como sensibilidade frente à aproximação do outro e de sua ordem à responsabilidade. A responsabilidade *pelo* e *para* o outro é sempre anterior, anárquica, e move-se de tal forma na esteira da proximidade do próximo que subverte a consciência intencional. Nesse caso, a subjetividade se vê atravessada na consciência e conduzida para o contato obsessivo com o outro. Assim, a precedência do outro se exerce sobre o sujeito hipostasiado até o ponto de interromper o retorno da consciência sobre si. O outro persegue infinitamente a subjetividade deixando-a sem a voz do *dito* com a qual ela se antecipava em anunciar a chegada de outrem. A insistência do outro indica a forma sob a qual a subjetividade é afetada realizando a inversão da consciência em passividade.

Diante disso, a passividade pode ser entendida como um elemento constitutivo – não ontológico – da subjetividade como sensibilidade. Passividade aqui possui o sentido de padecimento, compadecer junto, exposição radical ao outro. "Tal passividade sem dúvida é uma exposição do sujeito ao outro, mas a passividade do sujeito é mais passiva que a que sofre o oprimido condenado na luta."²¹⁶ Portanto, a consciência não se aproxima da interpelação/apelo do rosto/corpo do outro, mas *quem* se aproxima é a passividade da sensibilidade como corpo. Trata-se de sentir na pele a dor que o outro sente em sua pele. Nesse *sentir* se constitui a subjetividade como linguagem.

> *A* passividade *do* para-o-outro *expressa um sentido em que não encontra nenhuma referência, seja positiva ou negativa, a uma vontade prévia; isso acontece através da corporeidade humana vivente enquanto possibilidade da dor, e enquanto sensibilidade é por si*

---

²¹⁵ LEVINAS, E. *De Otro Modo que Ser: o Más Allá de la Esencia.* 4ª ed. Salamanca: Ediciones Sígueme, 2003, p. 59. Grifo nosso.

²¹⁶ LEVINAS, E. *De Otro Modo que Ser: o Más Allá de la Esencia.* 4ª ed. Salamanca: Ediciones Sígueme, 2003, p. 109.

> *mesma a suscetibilidade de sofrer o mal, enquanto si mesmo descoberto que se oferece sofrente em sua pele, e que em sua pele se encontra mal ao não ter sua pele por si, como vulnerabilidade.*[217]

O padecimento que se sente na pele não é apenas um sintoma de um corpo doente. Ele indica a paciência e a passividade pré-originária da corporeidade. O sofrimento chega ao ponto de se significar como doação. Sentindo o sofrimento em sua pele, a subjetividade é despertada para se sentir no próprio padecimento do outro. Esse padecimento, portanto, se mostra como uma perturbação irrepresentável e intransferível. Dessa forma, a subjetividade como *passividade mais passiva que toda passividade* manifesta-se como responsabilidade ilimitada pelo padecimento de outrem. Sua única palavra é *dizer*: *Eis-me aqui*!

O *dizer* – como abertura para sentir em sua pele o sofrimento sentido pelo outro – faz com que a subjetividade se diga como responsabilidade. No acusativo da linguagem, o *eis-me aqui* pode ser identificado a um sinal *dito* pelo *dizer*. Uma forma de se expressar que não se refere à linguagem enunciativa, mas a significação do contato entre seres de corpo e de carne.

3.2. Subjetividade e proximidade

O contato com a alteridade se diz em termos de proximidade irredutível à consciência e ao Ser. Em vista disso, a proximidade do próximo provoca um impacto sem precedentes na subjetividade como sensibilidade. Na proximidade, trata-se de perceber os elementos constitutivos – não ontológicos – da sensibilidade ética como refém, vulnerabilidade e obsessão. Tais características esclarecerão que a responsabilidade contraída pelo sujeito não é mero atributo, mas a própria constituição da eticidade da subjetividade a qual se desvela na proximidade do próximo.

3.2.1. Subjetividade vulnerável

Em *Autrement Qu'être,* a subjetividade como sensibilidade recebe a significação ética graças à afecção da proximidade do corpo/*rosto* do próximo. Além disso, na afecção, a subjetividade realiza-se como linguagem ou enquanto *se*

---

[217] LEVINAS, E. *De Otro Modo que Ser: o Más Allá de la Esencia.* 4ª ed. Salamanca: Ediciones Sígueme, 2003, p. 105.

dizer, cujo significado ético traduz-se na não indiferença ao outro na responsabilidade. Trata-se da constituição do *um para o outro* como sensibilidade ética da subjetividade. Assim, encontrar-se na condição de responsabilidade pelo próximo acaba por apontar o caráter fundamental da sensibilidade: a vulnerabilidade.

A *in*-condição[218] da subjetividade de estar-se *exposta* ao outro denota o movimento vulnerável da subjetividade à vulnerabilidade de outrem, isto é, ao encontrar-se tocada como sensibilidade pela nudez do outro, a subjetividade se sente alterada em seu núcleo identitário. A imediatez da exposição ao outro inverte a certeza que o sujeito tem de ser uma hipóstase. Pelo fato de encontrar-se vulnerável graças à aproximação do outro, a subjetividade traumatizada sente-se "desnuda além da pele, até ferida mortal".[219] Trata-se de uma abertura provocada no cerne da subjetividade como sensibilidade de tal sorte que sua pele expõe-se ao outro como carne ferida e ofendida a ponto de *se dizer* ou *se fazer* signo para outrem.

> *Em certo sentido, a metáfora da pele traduz a especificidade da intriga do eu ao outro como* ex-*posição de um ao outro que não corresponde à reciprocidade da exposição do outro ao eu. Trata-se de uma exposição sem retorno que faz com que o eu seja, verdadeiramente, único. É, portanto, a pele do eu que está exposta, oferta, aberta ao ferimento e vulnerável até a morte*.[220]

Tal abertura não se reduz a simples afecção que o *viver de* provocava na subjetividade pondo-a no movimento da fruição do gozo e da vontade de representação com relação ao Ser. Afeccionada pelo outro, a subjetividade revela-se na vulnerabilidade da exposição que a verbalidade do Ser não consegue abarcar. Em última instância, a vulnerabilidade acontece como passividade ou em suportar o padecer do outro. "Sofrer pelo outro é ser responsável por ele, suportá-lo, estar em seu lugar, consumir-se por ele. Desde a sensibilidade, o sujeito é para o outro: substituição, responsabilidade, expiação",[221] segundo a lógica do evento da gesta do outro.

---

[218] Com esse termo a filosofia levinasiana refere-se à proximidade/afecção do próximo que interrompe o movimento da identidade na hipóstase fruitiva reduzindo o sujeito à "in-condição" de refém para promover na subjetividade a unicidade de eleita na responsabilidade.

[219] LEVINAS, E. *De Otro Modo que Ser: o Más Allá de la Esencia*. 4ª ed. Salamanca: Ediciones Sígueme, 2003, p. 102.

[220] RIBEIRO JR, N. *Sabedoria da paz: ética e teo-lógica em Emmanuel Levinas*. São Paulo: Loyola, 2008, p. 348. Grifo do autor.

[221] LEVINAS, E. *Humanismo do outro homem*. 2ª ed. rev. Petrópolis: Vozes, 1993, p. 101.

A radicalidade da proximidade do outro alcança o cerne da sensibilidade como corpo de carne. A subjetividade afetada em sua pele, vulnerável à exposição, é indissociável da possibilidade do padecimento. A suscetibilidade à dor, como dirá Levinas no nível da proximidade do próximo, acontece como possibilidade mesma da doação/dom de seu corpo a outrem.[222] Assim, a subjetividade só se percebe nesse limite do sofrível como corpo encarnado. "A encarnação não é uma operação transcendental de um sujeito que se situa no seio mesmo do mundo que ele se representa; a experiência sensível do corpo é desde sempre encarnada."[223] Nessa perspectiva, a subjetividade como vulnerabilidade é percebida graças à intriga do corpo a corpo com o outro anterior à percepção de si mesma como corpo e consciência. Trata-se da intriga que enlaça o *eu* ao *outro*, isto é, "eu estou atado aos outros antes de ser atado a meu corpo".[224] Pode-se dizer que a proximidade do outro inspira a subjetividade de modo a prepará-la para receber o outro em sua própria pele.

Em *Autrement Qu'être,* a "subjetividade é sensibilidade – exposição aos outros, vulnerabilidade e responsabilidade na proximidade dos outros, um para o outro, isto é, significação [...]".[225] A alteridade, portanto, desestabiliza a subjetividade na medida em que a afeta. Dessa forma, a vulnerabilidade caracteriza a subjetividade como responsabilidade no movimento de compadecimento/resposta à afecção do outro. Por isso, ao se sentir tocado, o eu hipostático oferece ao outro as coisas que possibilitam sua fruição. A imagem do "retirar o pão de sua boca para dar ao próximo"[226] caracteriza o movimento de saciar a fome, o frio e as mazelas do outro. Na vulnerabilidade, portanto, realiza-se a doação daquilo de que o *eu* frui para outrem ao mesmo tempo em que outrem que aproxima na proximidade se ausenta de sua dignidade de outro. Trata-se, portanto, da suscetibilidade do corpo em oferecer o pão de sua boca.

No entanto, a exposição e a entrega a outrem não se reduzem ao poder da sensibilidade em ceder algo a alguém. Não se trata de um jogo de doações para mensurar o mérito daquele que doa. De outra maneira, arrancar o pão de sua boca para dá-lo ao outro é indissociável de uma doação mais radical. A subjetividade de carne e

---

[222] LEVINAS, E. *De Otro Modo que Ser: o Más Allá de la Esencia.* 4ª ed. Salamanca: Ediciones Sígueme, 2003, p. 126, 136.

[223] *Ibid.*, p. 135.

[224] *Ibid.*, p. 135. Grifo nosso.

[225] *Ibid.*, p. 136.

[226] *Ibid.*, p. 136.

de sangue apresenta sua vulnerabilidade na encarnação pelo padecimento do outro como modo de doar a sua própria pele ao próximo. Afinal, colocar o outro sob sua pele é dar-lhe o seu próprio corpo, sentir para o outro o sofrimento que ele sente. Carregá-lo em seu padecimento para substituí-lo no padecer. A subjetividade como sensibilidade "como encarnação é um abandono sem retorno, maternidade, corpo sofrível para o outro, corpo como passividade e renúncia, puro sofrer".[227]

Segundo Levinas, a linguagem ética é a única capaz de dizer a radicalidade e a dramaticidade da subjetividade vulnerável *ex*-posta ao outro. De certa maneira, tal linguagem introduz certas inquietações com relação à expressão (*para o outro*) da situação ética. Primeiro, porque o *dizer* da subjetividade enquanto vulnerável é sempre uma entrega/oferecimento/doação ao outro sem medida, um padecimento injustificável se comparado à verbalidade e o *dizer* do Ser. Segundo, porque a vulnerabilidade caracterizada como obsessão interrompe o *inter-esse* da consciência produzindo um "*arrancamento a si* em um dar que implica um corpo, porque dar até o fim, é dar o pão arrancado à própria boca. A subjetividade é aqui toda a gravidade do corpo extirpado do seu próprio *conatus*".[228] A vulnerabilidade, não remete, portanto, a um sentido no Ser. Na verdade, a vulnerabilidade revela um não sentido ou *an*-arquia própria da subjetividade *como* substituição. Por isso, referir-se à constituição da sensibilidade como chave ética obriga a própria linguagem a se desdobrar no *se dizer* da subjetividade como uma consciência "fora de si".[229] Nesse sentido, o *se dizer* da subjetividade responsável pelo outro não se encontra na base dialógica do *eu-tu*. Antes, funda-se na intriga ética da proximidade, lá onde o corpo *se diz se doando* ao outro no acusativo da palavra e na passividade da escuta.

> *É exatamente o* des-*interessamento enquanto o eu passa a ser signo feito ao* outro *– linguagem sem palavras – que expressa a linguagem hiperbólica da ética levinasiana. Entende-se, assim, que a linguagem não visa expressar a situação ética como se esta fosse extrínseca àquela. Antes, a linguagem é, ela mesma, a própria situação ética, isto é, ela se expressa como o inevitável sofrimento/ferimento impingido ao* mesmo *pelo* outro, *ou como uma dor qual desnudamento de si, graças à afecção do* outro *ao* mesmo.[230]

---

[227] LEVINAS, E. *De Otro Modo que Ser: o Más Allá de la Esencia*. 4ª ed. Salamanca: Ediciones Sígueme, 2003, p. 139.

[228] LEVINAS, E. *Deus, a morte e o tempo*. Coimbra: Almedina, 2003, p. 204. Grifo nosso.

[229] RIBEIRO JR, N. *Sabedoria da paz: ética e teo-lógica em Emmanuel Levinas*. São Paulo: Loyola, 2008, pp. 344-353.

[230] *Ibid.*, p. 348. Grifo do autor.

O esforço em expressar a subjetividade como *dizer*, isto é, signo responsivo feito ao outro, opõe-se à linguagem nominativa da tradição filosófica ocidental. Na filosofia da alteridade, não é possível identificar a subjetividade ética do discurso que se assenta sobre o conceito de substância (do sujeito) ou sobre a autonomia da razão prática. Diferentemente, o *se dizer* ético da subjetividade se justifica na *ex*-posição de seu corpo como *assinalado* ou marcado pelo outro a ponto de ser identificada como hipóstase *de*-substantivada e *de*-substancializada.[231]

O *se dizer* da subjetividade é antes de tudo corpo entregue, dom. Afeccionado pelo outro, o *eu* se vê jogado no acusativo. Na linguagem, a subjetividade se oferece ao outro recorrendo a si de outro modo. Nesse caso, não é a consciência ou o ser que diz sua entrega, mas o seu corpo *se diz* como outro de si, "apesar de si".[232] Trata-se de uma "entrega sem 'se entregar': um si, apesar de 'si', na encarnação como possibilidade mesma de oferenda, de sofrimento e de traumatismo".[233]

Na *ex*-posição ao outro, a subjetividade encontra, paradoxalmente, o coração daquilo que a caracteriza como tal. Não lhe é permitido fugir da responsabilidade que se inscreve em seu corpo. Sem poder desfazer-se de sua carnalidade exposta a outrem, ela padece junto com o outro. "Quando se sofre por alguém, a vulnerabilidade é também sofrer para alguém".[234]

Em suma, no âmbito da proximidade, a subjetividade como sensibilidade sofre o impacto da aproximação de outrem. Ela destaca-se como sujeição ao suportar o sofrimento do outro em sua vulnerabilidade. "A vulnerabilidade é *obsessão* pelo outro ou proximidade do outro."[235] Disso resultará a perseguição sofrida pelo eu e a obsessão pelo outro em que o sujeito se sente imerso na responsabilidade. Sem possibilidade de escapar à proximidade da alteridade, a subjetividade se perceberá como *an*-árquica, isto é, incapaz de remeter a si mesma o sentido da aproximação e do oferecimento ao outro como se fosse fundada na reflexividade da subjetividade.

---

[231] LEVINAS, E. *Deus, a morte e o tempo*. Coimbra: Almedina, 2003, p. 197.

[232] LEVINAS, E. *De Otro Modo que Ser: o Más Allá de la Esencia*. 4ª ed. Salamanca: Ediciones Sígueme, 2003, p. 104.

[233] RIBEIRO JR, N. *Sabedoria da paz: ética e teo-lógica em Emmanuel Levinas*. São Paulo: Loyola, 2008, p. 350.

[234] LEVINAS, E. *De Deus que vem a ideia*. Petrópolis: Vozes, 2002, p. 120. Grifo do autor.

[235] LEVINAS, E. *Humanismo do outro homem*. 2ª ed. rev. Petrópolis: Vozes, 1993, p. 100. Grifo nosso.

3.2.2. A obsessão por outrem

No período ético, a linguagem hiperbólica utilizada pelo autor para expressar a afecção provada pela subjetividade procede do léxico da psicologia, embora seu conteúdo ultrapasse a semântica psicológica, uma vez que seus conteúdos são ressignificados pelo *dizer* ou ética. Trata-se de um recurso utilizado para dizer o não tematizável da proximidade de outrem e o modo como atinge a subjetividade como sensibilidade. A afecção chega a ponto de se *dizer* como obsessão. Na perspectiva da subjetividade, pode-se dizer que a obsessão pretende apontar para os sintomas de uma *patologia da consciência*.

Nesse caso, a subjetividade como obsessão parece padecer de um distúrbio quando do contato com a alteridade. A consciência antes acostumada a tematizar a diferença e a reportar ao saber as relações de forma homogênea e sincrônica, se sente, deslocada para o regime da proximidade, como que "doente". Ressalta-se o uso dessa linguagem para acentuar o estado perturbador produzido pelo contato que o outro inflige ao eu.

Nesse sentido, a subjetividade sente-se como que desestabilizada de sua consciência hipostática pelo "contágio" provocado pela aproximação e obsessão do próximo. Esse "contágio", no entanto, acontece no regime da sensibilidade como responsabilidade. A proximidade do outro afeta a subjetividade introduzindo-a em uma situação de perda completa da consciência ao *des*-centrá-la de toda consciência de *si* adquirida na reflexividade ou no retorno *a si* mesma. A subjetividade percebe-se como que "fora de si" diante da proximidade do outro. Trata-se, portanto, de uma perda da substância, uma inquietação e preocupação com outrem que antecipa a ocupação pelo *si* da consciência.

Segundo Levinas, "a responsabilidade como obsessão é proximidade".[236] O termo obsessão além de contribuir para explicitar o sentido ético hiperbólico da aproximação do *um para o outro* enfatiza a passividade e a *an*-arquia como traços constitutivos da subjetividade no regime do tempo da aproximação do próximo fora do Ser.

A subjetividade obcecada pelo próximo recebe "responsabilidades que não remontam às decisões tomadas por um sujeito que contempla livremente".[237] Sem ter como assumir o princípio de sua iniciativa, a subjetividade sente-se na condição de passividade da escuta. Ela recebe o chamado daquele que se aproxima, e é

---

[236] LEVINAS, E. *Descobrindo a existência com Husserl e Heidegger*. Instituto Piaget, 1997, p. 284.
[237] *Ibid.*, p. 285.

afetada pelo contato do outro, mas seu poder de resposta permanece além de sua compreensão, uma vez que foi jogada no aquém do Ser. Ademais, a obsessão participa da passividade, uma vez que se insere como compadecimento pelo padecer do outro. O padecer junto, para e com alguém revela a impossibilidade de repouso em si mesmo da consciência obcecada pelo outro. Isto é, a obsessão que é própria da proximidade mantém a subjetividade na inquietude e na não indiferença frente à infinita palavra/corpo convocatória do *rosto* do outro humano.

Além disso, a obsessão como responsabilidade pelo próximo não se enquadra no modelo de consciência da proximidade. Ela não remete a um princípio lógico-subjetivo do ato moral. Ao contrário, é na obsessão do próximo que se pode entrever a *an*-arquia e o anacronismo em que se encontra a subjetividade. Na radicalidade da proximidade, a subjetividade se vê extremamente atingida e perseguida pela alteridade do próximo a ponto de se mostrar como responsabilidade incondicional. Trata-se da obsessão como movimento anárquico. Ela impede que a consciência constituída pelo movimento da fruição atrofie a sensibilidade, isto é, a anarquia da obsessão evoca uma subjetividade incapaz de representar a aproximação do outro. Dessa forma, a subjetividade está sempre em atraso em relação ao chamado responsivo.

> *A obsessão atravessa a consciência na contracorrente e inscreve-se nela como* estrangeira, *para significar uma heteronomia, um desequilíbrio, um delírio que surpreende a origem [...] anterior à* arché, *ao começo, que se produz antes de qualquer luar da consciência. É uma anarquia que para o jogo ontológico [...] na proximidade, o* eu *está anarquicamente em atraso em relação ao seu presente, e incapaz de recuperar esse atraso. Essa anarquia é* persecução*; ação do outro sobre o eu que o deixa sem palavras.*[238]

A estrutura da anarquia se situa no bojo da própria intriga ética. E indica também um *an*-acronismo diante do peso e da culpa que a subjetividade assume perante outrem – a subjetividade em seu cerne é presenteada com uma responsabilidade inalienável. A subjetividade obcecada encontra-se fora do tempo – *an*-acrônica – da sincronia da consciência. Tal anacronismo advém da proximidade do próximo e deflagra na hipóstase uma responsabilidade que se situa fora do regime da liberdade. A gravidade da responsabilidade pelo próximo como obsessão é uma "intimação de extrema urgência, anterior a todo o compromisso

---

[238] LEVINAS, E. *Deus, a morte e o tempo.* Coimbra: Almedina, 2003, p. 189. Grifo do autor.

e a todo o começo: *anacronismo*".[239] Trata-se de se responsabilizar pelo próximo em sua miséria de corpo nu, por sua liberdade e por seus equívocos. "Na realidade, sou responsável por outrem, mesmo quando pratica crimes, mesmo quando outros homens cometem crimes [...] todos os homens são responsáveis uns pelos outros, e eu mais do que todo o mundo."[240]

O excesso de responsabilidade que se diz no *para* da relação *um para o outro* não é atributo da subjetividade. Trata-se da obsessão responsiva graças a uma espécie de *perseguição* que o outro exerce sobre o sujeito. Nesse contexto, a metáfora da perseguição indica que a subjetividade além de estar cercada pelo outro, é *de-posta* de sua condição de consciência frente ao Ser, sendo submetida à perseguição por outrem a subjetividade é conduzida a um movimento que esvazia a *hipertrofia da consciência*. Dessa forma, a subjetividade é afetada pelo outro a ponto de se mostrar em uma passividade de refém.

> *A proximidade é obsessão. Acontecimento que despoja a consciência de sua iniciativa, que me desfaz e me coloca diante de Outrem em estado de culpabilidade; acontecimento que me coloca em acusação, em* acusação perseguidora, *pois anterior a toda falta – e que me conduz ao si (soi), ao acusativo a que nenhum nominativo precede.*[241]

A perseguição ocasionada pela proximidade do próximo revela um "eu" assinalado e acusado antes mesmo de se dar conta do apelo de ter de cuidar do outro. Nesse caso, os termos "acusado" e "assinalado"[242] evocam atributos do sujeito, na condição de subjetividade no acusativo. Trata-se da ordem do outro que convoca incessantemente o sujeito mostrando-lhe a impossibilidade de se distanciar do chamado do outro tal como ele sucede na aproximação do próximo. Ao aparecer no acusativo, a subjetividade desdobra-se sobre o seu próprio núcleo, isto é, em seu *em si (soi)*. Estar sob a condição do outro, ser eleito por ele na responsabilidade revela o núcleo constitutivo pré-original da subjetividade ética que se evidencia na noção de subjetividade como refém.

---

[239] *Ibid.*, p. 188. Grifo do autor. LEVINAS, E. *De Otro Modo que Ser: o Más Allá de la Esencia*. 4ª ed. Salamanca: Ediciones Sígueme, 2003, p. 165.

[240] LEVINAS, E. *Entre nós: ensaios sobre a alteridade*. Petrópolis: Vozes, 1997, p. 148.

[241] *Ibid.*, p. 91. Grifo nosso.

[242] O termo francês *assignation* pode ser também traduzido por assinação. De acordo com Marcelo Fabri "em sentido levinasiano, a assinação indica o sujeito no acusativo, pois o outro lhe ordena antes mesmo de ser reconhecido, ou seja, antes mesmo de *aparecer*". FABRI, M. *Desencantando a ontologia: subjetividade e sentido ético em Levinas*. Porto Alegre: EDIPUCRS, 1997, p. 148. Grifo do autor. LEVINAS, E. *De Otro Modo que Ser: o Más Allá de la Esencia*. 4ª ed. Salamanca: Ediciones Sígueme, 2003, p. 165.

3.2.3 Subjetividade como refém

Na aproximação obsessiva a subjetividade descobre-se refém do próximo, isto é, ela não consegue escapar das malhas da relação com o outro. "No mundo não estamos livres diante dos outros e nem somos simplesmente suas testemunhas. Nós somos seus *reféns*. Noção através da qual, acima da liberdade, o *eu* se define."[243]

Na exposição radical ao outro acontece uma ruptura na interioridade do eu. Esse evento é traumatizante, pois uma vez afetada em seu núcleo a subjetividade não tem o poder de voltar a si como coincidência consigo, isto é, ela não encontra em si sua identidade, como também, não permanece no repouso do Ser. Tal condição arranca a subjetividade de si colocando-a no âmbito de outrem. Sair da hipóstase da consciência no Ser para ser convocada como guardiã do outro é, paradoxalmente, estar entregue às mãos daquele que a subjetividade protege. É ser refém daquele que recebe o cuidado.

No regime da alteridade, a metáfora do ser refém de outrem conduz ao estado de ser perseguido. Na perseguição o sujeito é levado a uma *in*-condição de refém. Nesse estado, a constituição da subjetividade ética vai sendo gestada como unicidade de eleito na responsabilidade. A subjetividade encontra-se eleita na responsabilidade a partir da obsessão e perseguição do outro. O modo pelo qual o outro se aproxima requerendo a justiça e o bem faz com que o eu seja constituído como uma subjetividade passiva e insubstituível na substituição ao outro.

Autrement Qu'être articula a noção de subjetividade no acusativo. Trata-se do *si* da subjetividade já afetada pela proximidade. Entretanto, na condição de subjetividade ética, o sujeito se apresenta como *eu* (*moi*), mas referindo-se agora ao *eu* como resposta a outrem. Significa não poder se esquivar da responsabilidade. Não sendo um ato da vontade, mas da passividade o *eu* (*moi*) "está desnudado, exposto à afecção, mais aberto do que toda a abertura, quer dizer, não aberto ao mundo que é sempre à medida da consciência, mas aberto ao outro que ele não contém".[244]

Na exposição traumática ao outro ocorre a "conversão do *eu* (*moi*) em *si* (*soi*)".[245] Trata-se de aprofundar a significação da subjetividade como sensibilidade, isto é, passar da resposta ao outro ao padecimento sentido graças à proximidade. Nesse sentido, a subjetividade como sensibilidade expõe-se em

---

[243] LEVINAS, E. *Quatro leituras talmúdicas*. São Paulo: Perspectiva, 2003, p. 171. Grifo nosso.
[244] LEVINAS, E. *Deus, a morte e o tempo*. Coimbra: Almedina, 2003, p. 174.
[245] LEVINAS, E. *Humanismo do outro homem*. 2ª ed. rev. Petrópolis: Vozes, 1993, p. 101.

sua vulnerabilidade de refém até o ponto de carregar o outro em seu corpo. Na incapacidade de conter e de rejeitar o outro, a subjetividade cede a sua interioridade ao próximo. Nesse movimento, ela percebe-se sem lugar, *desnucleando-se* de si, graças ao seu corpo/sensibilidade que permanece aberto ao outro para substituir a outrem. Dessa maneira, a subjetividade torna-se refém.

> *O refém é sobretudo alguém cuja unicidade sofre a possibilidade de uma* substituição. *Ele sofre essa substituição, ele é aí sujeito assujeitado, sujeito submetido no próprio momento em que ele se apresenta* (eis-me aqui) *na responsabilidade pelos outros.*[246]

De maneira singular, a noção de substituição associa-se à condição de um *eu* único e eleito por outrem. "Pela substituição, não é a singularidade do eu que é afirmada, é antes a sua unicidade."[247] Do ponto de vista da filosofia da alteridade, isso significa que a constituição da subjetividade ética não se apresenta nos moldes da hipóstase fruitiva como presença do *eu* a *si-mesmo*. Invertidamente, o ponto fulcral da eticidade da subjetividade aparece em sua *ipseidade*. Nessa, porém, a unicidade "é o fato de ser designado ou assignado ou eleito para se substituir sem poder se esquivar".[248] Em seu *em si* a subjetividade encontra-se já atravessada pela alteridade e percebe-se sob uma ordem para além de si. Diante disso, a subjetividade como sensibilidade ética se apresenta no acusativo – *eis-me aqui*.

Na *ipseidade* da subjetividade ética delineia-se uma ambivalência. Ao mesmo tempo em que ela aparece como um *em si*, é também uma interioridade *para o outro* como doação de si. Nesse sentido, a subjetividade hospeda o outro na carícia/ternura e se substitui ao outro compadecendo do padecer de outrem. "O sujeito *é* (sendo) *outrem*; isto é, *é* como *substituição* do eu pelo *si* do por outrem e para outrem [...]. O refém é que resgata outrem, e isso constitui a *ipseidade* antes da *identidade*."[249] A *in*-condição de refém revela uma *ipseidade* respondente que suporta a carga do padecimento do outro sobre si antes de voltar a *si* e se fixar em seu próprio sofrimento de sujeito idêntico da hipóstase no Ser.

---

[246] DERRIDA, J. *Adeus a Emmanuel Levinas*. São Paulo: Perspectiva, 2008, p. 73. Grifo do autor.

[247] LEVINAS, E. *Deus, a morte e o tempo*. Coimbra: Almedina, 2003, p. 197. Grifo do autor.

[248] LEVINAS, E. *De Deus que vem a ideia*. Petrópolis: Vozes, 2002, p. 130.

[249] PELIZZOLI, M. L. *Levinas: a reconstrução da subjetividade*. Porto Alegre: EDIPUCRS, 2002, p. 198. Grifo do autor.

Em *Totalidade e infinito,* tal como foi abordado, o sujeito é único, na medida em que se sente sentindo-se feliz na fruição ou triste no sofrimento do trabalho. Em *Autrement Qu'être*, a subjetividade como sensibilidade ética não nega o fato de sua unicidade se configurar na sensação do corpo próprio. Trata-se, portanto, de avançar e de afirmar que o sujeito é único porque sente em sua própria pele a sua dor. Entretanto, no encontro com outrem o sujeito passa a sentir o padecimento do outro como se fosse a sua própria carne ferida. Compadece e compartilha o sofrimento do próximo para substituir-se ao outro. Carrega o outro graças ao corpo que se expõe ao outro e vê-se responsável até por aquilo que não fez. Nesse sentido, ser único é ser insubstituível na responsabilidade.

Nessa situação, o *eu-refém* substitui-se outrem. Não se trata, porém, de se colocar no lugar de alguém, de trocar de papéis ou assumir a vida do outro, por exemplo. A substituição significa "um sofrer por outrem em jeito de *expiação* – a única a permitir toda e qualquer compaixão".[250] A expiação como padecer por outrem na substituição remete ao *em si* da subjetividade como *Sub-jectum*, isto é, a base que suporta o peso do universo como responsável por tudo e por todos.[251] Nesse caso, a expiação por outrem revela a exposição radical da subjetividade como refém na responsabilidade pelo outro e por todos os outros. A subjetividade percebe-se não indiferente à aproximação do próximo a ponto de assumir a responsabilidade como *o um para o outro* na substituição.

> Ser-si, *outramente que ser,* des-*interessar é carregar a miséria e a falência do outro e mesmo a responsabilidade que o outro pode ter de mim;* ser-si *– condição de refém – é sempre um grau de responsabilidade a mais, a responsabilidade pela responsabilidade do outro.*[252]

A análise do *eu-refém* repercutirá em níveis mais profundos da humanidade e na humanidade do humano. Ao mover-se no âmbito da substituição, a subjetividade se deparará com um êxodo perpétuo de si. Trata-se do movimento de recorrência como uma contração de *si* advinda da proximidade do próximo.

---

[250] LEVINAS, E. *Deus, a morte e o tempo.* Coimbra: Almedina, 2003, p. 196. Grifo do autor.

[251] LEVINAS, E. *De Otro Modo que Ser: o Más Allá de la Esencia.* 4ª ed. Salamanca: Ediciones Sígueme, 2003, p. 185. FABRI, M. *Desencantando a ontologia: subjetividade e sentido ético em Levinas.* Porto Alegre: EDIPUCRS, 1997, pp. 131-137.

[252] LEVINAS, E. *De Otro Modo que Ser: o Más Allá de la Esencia.* 4ª ed. Salamanca: Ediciones Sígueme, 2003, p. 187.

De maneira paradoxal, a sensibilidade ética se reportará ao "estatuto" da maternidade como dom do "amor sem *eros*" dado a outrem. Nesse percurso será possível ao humano perceber-se como sabedoria do amor porque se trata da gratuidade de um amor *des*-inter-*ess*ado como padecimento pelo padecer do outro.

3.3. Subjetividade como substituição

A proximidade obsessiva revela a condição da subjetividade humana que não se constitui *a priori* como uma hipóstase pensante. Antes, ela é humanidade como sensibilidade, corpo vulnerável e refém do outro. Com base nessas características éticas elementares da subjetividade será possível perceber o movimento de recorrência como momento imprescindível da subjetividade como substituição. A contração de "si" indicará o movimento aquém do ser e revelará a subjetividade como sensibilidade na figura da maternidade. A partir da linguagem ética se desdobrará o sentido de responsabilidade como amor sem *eros* e as implicações da substituição no *dizer* ético como justiça ao outro.

3.3.1. Recorrência: em direção ao *para-o-outro* da responsabilidade

A substituição é a vivência da pura passividade no padecer por outrem. Quando perseguida na obsessão do outro, a subjetividade se encontra na *in--condição de acusativo*. Ela é *si mesma*, pois sofre a eleição pelo bem do próximo a ponto de ter de se responsabilizar pelo outro sem ter cometido falta alguma. É exposta em sua vulnerabilidade de refém e *de*-posta na perseguição.

Na passividade radical diante do outro a subjetividade como hipóstase da fruição acaba por ser desapropriada de sua atividade volitiva. Nesse mesmo movimento, o *eu-refém* encontra-se sob a acusação e perseguição de outrem. A proximidade que obceca a subjetividade lança-a em um movimento de exílio de si. Trata-se do movimento de recorrência como uma contração de *si* na exposição acusativa do outro.

> O si-mesmo *não é a representação de si por si – não é consciência de si – mas* recorrência *prévia que possibilita somente todo retorno da consciência sobre si mesma*. Si-mesmo, *passividade ou paciência, o não poder tomar distância em relação a si. O eu está acuado a si, sem recurso a nada* em sua pele – *mal*

> em sua pele – essa encarnação [...] é a expressão mais literal
> da recorrência absoluta, que qualquer outra linguagem não diria senão por aproximação.[253]

A subjetividade obsessionada pela alteridade aventura-se no exílio de si. Ao sair de sua condição hipostática fora do Ser para dar lugar a responsabilidade pelo outro, não há como requerer para si o *status* de hipóstase da fruição. A saída de *si* não acompanha a decisão deliberada. É a afecção do outro que expulsa a subjetividade de sua identidade de *excendência* no Ser. No entanto, o exílio não configura a alienação do sujeito, mas é a própria revelação da subjetividade aquém do Ser. Trata-se de perceber a substituição responsiva como condição que concerne à subjetividade na condição hipostática do esvaziamento de si enquanto responde à vulnerabilidade do outro exposto ao ultraje e à morte.

A recorrência não é um movimento de retorno à consciência hipostática no Ser com a intenção de identificar a exterioridade a *si*. Ao contrário, trata-se de um recuo na interioridade que já é uma expulsão de *si* cedendo lugar à responsabilidade por outrem como o próprio da unicidade de si. A recorrência caracteriza-se, portanto, pelo movimento que reporta incansável e insistentemente a responsabilidade como "conteúdo" da sensibilidade ética. Trata-se de um movimento interno que impossibilita a subjetividade esquivar-se da responsabilidade: "O *si-mesmo* não é um eu encarnado, a *mais* de sua expulsão em si, essa encarnação já é sua expulsão em si, exposição à ofensa, à acusação e à dor".[254]

A linguagem hiperbólica utilizada pelo autor permite interpretar o movimento de recorrência como uma *re*-incidência.[255] Trata-se de uma metáfora para indicar o aspecto patológico da afecção, como se o outro introduzisse uma "doença" na pele do sujeito. Pode-se dizer que, na proximidade, o outro contagia a subjetividade de tal forma que retira sua resistência de hipóstase no Ser deixando-a vulnerável e submetendo-a à passividade e à exposição radical ao outro que a afeta e a convoca.

Com efeito, a recorrência consiste na oferenda/sacrifício da subjetividade para restituir o bem ao próximo.[256] Nesse sentido, a afecção acontece como se o outro introduzisse infinitamente na subjetividade o seu apelo de cuidado.

---

[253] LEVINAS, E. *Entre nós: ensaios sobre a alteridade*. Petrópolis: Vozes, 1997, p. 91. Grifo nosso.

[254] LEVINAS, E. *Entre nós: ensaios sobre a alteridade*. Petrópolis: Vozes, 1997, p. 91. Grifo do autor.

[255] RIBEIRO JR, N. *Sabedoria da paz: ética e teo-lógica em Emmanuel Levinas*. São Paulo: Loyola, 2008, p. 364.

[256] *Ibid.*, pp. 362-369.

Dessa maneira, a alteridade afeta a subjetividade de tal forma que a investe de responsabilidade, debilitando seu esforço em retornar à consciência ou ao Ser. Sem resistência, a subjetividade mostra-se vulnerável e encontra-se na pura passividade da exposição ao outro.

Paradoxalmente, a subjetividade encontra forças na passividade da exposição para restituir o bem ao próximo. Trata-se da subjetividade ética na sua condição de um *aquém* da consciência, revertendo-se no acusativo da palavra para *se dizer* no *para-o-outro* da responsabilidade. Em outras palavras, "no contato com o *outro*, o sujeito não apenas sofre uma paralisia na consciência, mas se vê obrigado a devolver ao *outro* o que lhe é de direito: o dom da condição do sujeito que pode devolver ao *outro* seu bem".[257] Oferecer ao outro o bem é sacrificar-se por ele, perdoá-lo em sua falta, substituí-lo na responsabilidade.

Nos primeiros escritos filosóficos levinasianos a subjetividade fora apresentada como hipóstase. O movimento de contração do existente no seio da existência anônima do Ser – *Il y a* – indicava o esforço do sujeito para constituir sua subjetividade como sensibilidade fruitiva. Sob o registro da linguagem ética, o movimento da hipóstase reaparece de outro modo em *Autrement Qu'être*. Trata-se do esvaziamento de si mesmo voltando-se para a substituição ao outro aquém do Ser.

> *Na exposição aos ferimentos e aos ultrajes, no sentir da responsabilidade, o si-mesmo é provocado como insubstituível, como entrega, sem demissão possível aos outros e, assim, como encarnado para se oferecer – para sofrer e dar – e, assim, um e único, unidos dentro da passividade, que não dispõe de nada que lhe permita não ceder à provocação. Um, isto é, reduzido a si--mesmo e como que contraído, como expulso em si fora do ser.*[258]

A recorrência indica ou expressa a perda de *si* (do Ser) da hipóstase. Enfim, na hipóstase transparece o sentido último da subjetividade como sensibilidade, isto é, a significância do *dizer um para o outro*. No âmbito do *se dizer* responsável pela responsabilidade do próximo configura-se a significação da unicidade da subjetividade. Dessa maneira, a hipóstase refere-se ao movimento de *excendência* do Ser que desemboca na transcendência ao outro

---

[257] RIBEIRO JR, N. *Sabedoria da paz: ética e teo-lógica em Emmanuel Levinas.* São Paulo: Loyola, 2008, p. 364. Grifo do autor.

[258] LEVINAS, E. *De Otro Modo que Ser: o Más Allá de la Esencia.* 4ª ed. Salamanca: Ediciones Sígueme, 2003, p. 172. Grifo do autor.

pela ou na substituição. A expressão da substituição aparece na obrigação do *des*inter*ess*amento radical do eu no serviço para o outro. Nesse movimento, a subjetividade é única e insubstituível na troca. A bondade e o bem devido ao outro orientam e obrigam a subjetividade a se hipostasiar na substituição.

A recorrência pressupõe a inversão do *eu* no nominativo para o acusativo. No acusativo o *eu* é referido na partícula *se*, sendo intimado a substituir outrem, o *eu* conduz-se como *dizer* sem *dito*, precedência da responsabilidade sobre a reflexão. Trata-se de uma anterioridade *an*-árquica na responsabilidade pelo e para o outro. "O *eu*, convocado por uma responsabilidade que ele não escolheu, nem poderia jamais escolher, é *in*-vestido de um bem e de um amor pelo *outro* que vem de um passado imemorial."[259]

Com efeito, na contração de *si*, a subjetividade abandona a coincidência consigo para aventurar-se em uma região aquém do Ser. Através do movimento da recorrência ela sai do *para si* da fruição lançando-se em direção ao *para o outro* da responsabilidade. Desse modo, ao hipostasiar-se a subjetividade depara-se com um passado impossível de ser apreendido pela memória. Abusando da linguagem, trata-se de um *passado i-memorial*. "Alguma coisa já passou 'por cima da cabeça' do presente, não atravessou o cordão da consciência e não se deixa recuperar; alguma coisa que precede o começo e o princípio, que é anarquicamente *apesar* do ser, que inverte ou precede o ser."[260] Trata-se da alteridade do outro, que já havia passado e afeccionado o *eu* quando se percebeu tocado pela proximidade do próximo. A alteridade já estava lá antes de todo e qualquer princípio, embora o outro já seja passado, anterior ao Ser e a qualquer ato representativo.

A passagem da alteridade se dá como um passado imemorial. Ela não oferece uma reconstituição ou recuperação de sua presença/ausência anárquica. No registro da linguagem ética, trata-se de um passado quase que incomunicável. Somente pelo abuso de linguagem e na traição do *dizer* é possível referir-se ao vestígio imemorial como responsabilidade anterior à liberdade, como responsabilidade pré-original na substituição do *um para o outro*.

No movimento de recorrência aparece, portanto, uma subjetividade inteiramente entregue ao outro. Ela carrega consigo uma responsabilidade sem que possa fundá-la na memória da consciência. Eleita na responsabilidade, a

---

[259] RIBEIRO JR, N. *Sabedoria da paz: ética e teo-lógica em Emmanuel Levinas*. São Paulo: Loyola, 2008, p. 367. Grifo do autor.

[260] LEVINAS, E. *Humanismo do outro homem*. 2ª ed. rev. Petrópolis: Vozes, 1993, p. 80. Grifo do autor.

subjetividade se torna refém. O outro é quem incita a subjetividade a aparecer como unicidade no *si* da responsabilidade. Assim, as fecundas análises sobre a maternidade contribuirão para esclarecer a constituição do *si* (*soi*) como a característica mais plástica da substituição.

3.3.2. Subjetividade maternal

A investigação sobre o estatuto ético da subjetividade como sensibilidade em *Autrement Qu'être* permitiu entrar em contato com a radicalização da subjetividade como substituição. Passividade, obsessão, refém e recorrência são os movimentos fundamentais da subjetividade vulnerável e responsável graças à proximidade do outro como próximo. Assim, as características da subjetividade como sensibilidade ética, no movimento da substituição, revelaram o "eu" como padecimento pelo padecer do outro.

Entretanto, uma vez revelada a proximidade do próximo como afecção de pele a pele na substituição trata-se de avançar e mostrar a subjetividade como *corpo materno*. Na maternidade, o outro não apenas se aproxima na proximidade. Mais que isso, o outro *in*-habita as entranhas da subjetividade constituindo-a como corporeidade ética. A maternidade consiste na sensibilidade exposta ao outro e animada pelo outro se fazendo corpo encarnado e ao mesmo tempo renunciando a sua própria carne para ceder um "cavado" como habitação do outro em seu próprio corpo. A partir desse regime, será possível perceber o *corpo maternal*[261] como tradução do "amor" ao outro que evoca, sobretudo, a questão da "justiça" ao outro.

Inicialmente, a maternidade não se funda no estatuto biológico da gravidez. A figura materna não é exclusividade da mulher. Entretanto, Levinas serve-se da figura feminina e da imagem da gravidez para descrever a maneira como acontece a subjetividade repleta de responsabilidade pelo outro. E como é possível, na linguagem ética, entrever a corporeidade como significância de *se fazer* signo no "amor" a outrem.

Em *Totalidade e infinito*, tal como abordado anteriormente, a subjetividade na sua unicidade afirma-se na ambivalência do gozo e do sofrimento. Ela realiza o movimento de contração frente ao Ser para garantir a si a

---

[261] LEVINAS, E. *De Otro Modo que Ser: o Más Allá de la Esencia*. 4ª ed. Salamanca: Ediciones Sígueme, 2003, p. 124.

possibilidade de fruição do mundo. Como sensibilidade fruitiva, a subjetividade agarrava-se às coisas do mundo consumindo-as e transformando-as a fim de constituir sua casa, assegurando sua vida diante da incerteza do mundo.

Entretanto, o sujeito não vive só no mundo. A chegada de outrem evoca a intimidade do lar do sujeito e, portanto, sua abertura àquele que a hospeda: o feminino. A visita do outro assegura à subjetividade uma novidade com relação ao gozo. Sua vida agora consiste em acolher o hóspede que a hospeda. De certa forma, quem hospeda se percebe refém do hóspede. Isso, pois, coloca-se à disposição para acolhê-lo como que sua vontade se movimentasse em função das necessidades e desejos daquela visita.

Em *Autrement Qu'être,* isto é, quando se trata de abordar a passagem da fruição à hospitalidade, assiste-se ao anúncio de uma transformação na subjetividade como sensibilidade. Ela movimenta-se do gozo ao dom do mundo fruitivo ao outro. A alteridade descentraliza e desestabiliza o gozo para lançá-lo à doação do mundo e no cuidado de que o outro tenha acesso à fruição e à casa. Trata-se de arrancar de si as coisas que comportam o gozo e a satisfação para ofertá-las ao outro.

Nesse sentido, a subjetividade constituída em *um-para-o-outro* supõe a dimensão do corpo fruitivo, uma vez que somente um sujeito como hipóstase/sensibilidade que já sentiu na pele o gozo e a dor será capaz de substituir-se ao outro suportando e carregando o padecimento e se comprazendo da alegria do outro. Portanto, a subjetividade enquanto corpo maternal se tece a partir do gozo e para além dele.

A maternidade erige-se como metáfora da subjetividade como sensibilidade ética. Desse modo, a metáfora ilustra o movimento da hipóstase à substituição do outro. O corpo da mulher grávida torna-se casa de um outro corpo. A mãe torna-se refém de seu filho, reunindo em si o cuidado pelo corpo do outro e pelo seu próprio. Ela gesta o outro dentro de si, cedendo o espaço de sua interioridade para outrem, tornando-se hospedeira de outrem. Além de portar e suportar na própria pele a dor e o gozo do corpo do outro, a subjetividade materna aparece como que povoada, invadida, possuída pelo outro.[262] Na figura da mãe, portanto, é possível perceber a substituição a partir da linguagem ética da sensibilidade cuja ênfase recai não tanto sobre a figura do estar próximo do outro da substituição e de suportar sua dor, mas na figura da aproximação em que o sujeito se contrai no corpo/sensibilidade a fim de hospedar ou tornar-se *in*-habitação do outro.

---

[262] SUSIN, L. C. *O homem messiânico: uma introdução ao pensamento de Emmanuel Levinas.* Porto Alegre: Escola Superior de Teologia São Lourenço de Brindes, 1984, p. 351.

Na análise do período ético, é possível perceber o deslocamento do sentido de uma subjetividade paternal desenvolvida em *Totalidade e infinito* para uma subjetividade maternal em *Autrement Qu'être*. A metáfora da paternidade refere-se à fecundidade como modo de um existir plural. O *eu-paterno* dá a vida ao filho sem se confundir com ele e possibilita a renovação do tempo do pai no filho. Já na metáfora da maternidade, a subjetividade assume uma radicalidade de seu significado eminentemente ético. Não apenas está separada do outro como o carrega dentro de si mesma. A sensibilidade se radicaliza a ponto de a corporeidade do outro ser mais interior do que a interioridade da subjetividade, isto é, a ponto de o *si* (*soi*) da subjetividade constituir-se na "*gestação* do outro no mesmo".[263]

Em suma, a metáfora da gravidez parece reunir identidade e alteridade na própria constituição da corporeidade da subjetividade como sensibilidade ética. O corpo da mulher grávida é, por excelência, corpo de hospedeira. Carregando e hospedando o outro em seu próprio seio, a subjetividade se vê *inspirada* e *in-habitada* por outrem, o que a coloca numa posição sem posição. Isto é, gestar o outro em *si* (*soi*) configura a ordem do exílio do *si* da subjetividade em si mesma. Em outras palavras, a constituição do corpo materno acontece no movimento de recorrência como uma contração de si em que o corpo do outro "escava" um lugar no corpo da subjetividade para nela habitar. Dessa forma, o outro inspira a subjetividade a sair de sua identidade no ser para aventurar-se como *outro modo que ser*.

Levinas insiste que a maternidade é *an-àrquica,* isto é, que a subjetividade não encontra sentido em si. O sentido se encontra anterior ao começo ou princípio, está aquém de si ou do ser, advém de um passado irrecuperável ou pré-ontológico.[264] A partir da anacronia que constitui a sensibilidade materna já não é mais possível reduzir a maternidade ao seu sentido biológico. Encontrar-se assujeitado a carregar o outro em seu seio não é um atributo do *conatus essendi*. Trata-se da condição de sensibilidade como *in*-habitação na substituição do outro graças à *inspiração*[265] ou ao sopro que vem do outro. Nela a responsabilidade emerge como testemunho profético mais antigo do que qualquer tematização da relação estabelecida ou preestabelecida com outrem.

---

[263] LEVINAS, E. *De Otro Modo que Ser: o Más Allá de la Esencia*. 4ª ed. Salamanca: Ediciones Sígueme, 2003, p. 134. Grifo nosso.

[264] *Ibid.*, p. 134.

[265] LEVINAS, E. *De Otro Modo que Ser: o Más Allá de la Esencia*. 4ª ed. Salamanca: Ediciones Sígueme, 2003, p. 184, p.196.

> Em suma, a subjetividade como sensibilidade remonta até a essa in-condição *de sujeito maternal*. *Esse assujeitar-se a carregar o outro é uma condição anterior ao* conatus essendi. *[...] A* maternidade *é o lugar ímpar no qual se realiza a relação* eu-outro *como intriga de corpos feitos de signos e de carne.*[266]

O sentido de maternidade empregado por Levinas como *gestação do outro* propugna uma situação em que a subjetividade como sensibilidade se vê não apenas marcada pela aproximação do corpo traumatizante do próximo, mas inspirada a mover-se na contração de seu corpo para abrigar o outro. Esse traumatismo implica à experiência da afecção e da inspiração dita em uma linguagem ética sem reflexão. Gestar o outro dentro de *si* é o modo como se constitui a sensibilidade em sentido ético, já exposta e ferida em sua carne, fazendo-se signo ao outro ao *se dizer eis-me aqui*. Eis o meu corpo como signo que se doa ao outro. A subjetividade inspirada pela proximidade do outro se sente lançada no movimento de arrancar o pão de sua boca para ofertá-lo e até mesmo capaz de oferecer a própria pele como substituição do outro.

O significado ético da subjetividade como corpo maternal sugere a gratuidade de um amor incondicional como padecimento pelo padecer do outro graças à inspiração de outrem. Em última análise, a subjetividade como substituição e maternidade *se diz* como dom ao outro cujo estatuto *se diz* no amor sem *eros*. Nesse sentido, a linguagem da responsabilidade, tal como foi abordada em *Autrement Qu'être*, permite dizer que a ética identifica-se à sabedoria do amor como uma filosofia que consiste no amor e na justiça ao outro como Profetismo.[267]

---

[266] RIBEIRO JR, N. *Sabedoria da paz: ética e teo-lógica em Emmanuel Levinas*. São Paulo: Loyola, 2008, pp. 352-353. Grifo do autor.

[267] O sentido de profetismo recebe uma nova semântica a partir da concepção ética. O compromisso com o outro é inspirado e profético. A subjetividade em nível ético se compromete com outrem e atende seu apelo, sem partir de si mesma e sem voltar a si. O profetismo, portanto, se realiza na linguagem viva do *Dizer* como ruptura da consciência que acontece no encontro com outrem. Dessa forma, a subjetividade testemunha a passividade incontornável que define a subjetividade como substituição – ela testemunha o infinito da responsabilidade. LEVINAS, E. *De Otro Modo que Ser: o Más Allá de la Esencia*. 4ª ed. Salamanca: Ediciones Sígueme, 2003, p. 215. BUCKS, René. *A Bíblia e a ética: a relação entre filosofia e a Sagrada Escritura na obra de Emmanuel Levinas*. São Paulo: Loyola, 1997, pp. 158-159.

3.3.3. Amor sem *eros*

Segundo Levinas, graças à proximidade do próximo e ao *dizer* como linguagem ética é possível trazer à tona a nova semântica da palavra ética. Trata-se de entender a ética a partir da linguagem pré-original da subjetividade – *eis-me aqui* – como amor responsável pelo outro.[268] Nesse regime, o *dizer* ético aquém da anfibologia ontológica do *dizer/dito* assume o sentido de uma ética do "amor sem *eros*".[269] De fato, Levinas abandona a concepção do amor da filosofia ocidental. O filósofo não associa o amor ao saber, à erótica ou à caridade. Ao recusar tais concepções, o filósofo transforma a semântica da palavra "amor" compreendendo-a como justiça ao outro. O amor pelo outro se tece na afecção e na inspiração do rosto/corpo do outro anterior ao estatuto da ontologia. Na perspectiva da constituição da subjetividade como sensibilidade, o amor pelo outro é vivido como exposição, substituição e maternidade segundo a *in*-habitação do outro em si.

Na tradição da filosofia clássica, a concepção platônica do amor foi estabelecida como complementaridade na tentativa de recuperar e reunir duas metades separadas por Zeus. Nela o amor pode ser entendido como um desdobrar-se do sujeito em duas formas distintas. Ao reencontrar-se, o amor tece o elo entre o eu e um outro eu, de forma a capturar e reduzir as partes em um mesmo, isto é, em uma totalidade. Na leitura levinasiana, essa lógica do *eros* acaba por anular qualquer diferença que se apresente na relação, pois prima pelo engajamento do sujeito na identidade e na totalidade de sentido.

Segundo Levinas, a partir da matriz grega o homem cunhou a busca pela sabedoria como amor do mesmo, isto é, o homem reduziu a atividade do saber à consciência de si. Com isso, a filosofia ocidental perpetuou a ideia de um eu autônomo e soberano. Assim, toda a estrutura do saber teórico e prático foi reduzida à expressão do "amor à sabedoria", indicando a sabedoria como "sinônimo do amor do *mesmo* a *si mesmo*".[270] Dessa forma, o desejo pelo saber e pelo conhecimento mostrou-se constitutivo da subjetividade sem que recebesse de outrem o espírito que move a pergunta pelo saber.

---

[268] RIBEIRO JR, N. *Sabedoria da paz: ética e teo-lógica em Emmanuel Levinas*. São Paulo: Loyola, 2008, pp. 324-326.

[269] LEVINAS, E. *De Deus que vem a ideia*. Petrópolis: Vozes, 2002, p. 102.

[270] RIBEIRO JR, N. *Sabedoria da paz: ética e teo-lógica em Emmanuel Levinas*. São Paulo: Loyola, 2008, pp. 327-328. Grifo do autor.

Para sair do registro da totalidade do saber, Levinas propugna a ética como *amor sem concupiscência*. De fato, o filósofo não recusa ou deprecia a dimensão da erótica.[271] A relação erótica do eu-outrem como proximidade e distância do corpo/rosto do outro – nas figuras do feminino, paternidade, filialidade e maternidade – é indissociável do regime da ética do amor ao outro aquém do Ser. O *amor como concupiscência*, ao contrário, não resguarda a dimensão *ab-soluta* da alteridade do corpo do outro porque não leva em conta que outrem inspira o eu a acolher o espírito que o faz responsável pelo outro. Além disso, o *amor como eros* propõe o amor de si mesmo. Nessa perspectiva, *eros* assume a conotação pejorativa do "amor como erotismo ou pornografia".[272]

A ausência de *eros*, na ética como amor, não remete à ausência do desejo. Ao contrário, graças à presença do desejo do outro é possível uma ética do amor, pois, o amor visa a outrem em sua vulnerabilidade de corpo nu. A alteridade do outro é vulnerável e mortal, portanto, está sempre exposta e move-se na presença/ausência do *rosto* do outro. No entanto, o outro pode ser alvo de redução e coisificação do amor concupiscente na medida em que o sujeito reduz o outro à representação colocando-o sob o registro do amor à sabedoria como amor de si mesmo.

Como na descrição da constituição da subjetividade como sensibilidade ética desenvolvida na segunda seção deste capítulo, no regime do amor sem *eros* o outro obceca a subjetividade a ponto de feri-la em seu núcleo identitário. Nessa situação, a subjetividade sente-se remetida a um lugar fora do Ser. Deslocada para esse não lugar, inaugurado pela proximidade do próximo, a subjetividade encontra-se vulnerável à afecção do outro. O outro, por sua vez, introduz o desejo de bondade na subjetividade. Portanto, no âmbito da filosofia levinasiana da linguagem ética, o desejo configura-se como *dizer* na substituição do outro. "A substituição é querida e desejada porque o *outro* é desejado e querido no seu corpo e *rosto*. O desejo substitutivo pelo *outro*, cujo *dito* diz um *dizer* ético, é um *se dizer* diante da acusação do *rosto*."[273] Em última instância, a substituição é vivida como *inspiração*[274] da subjetividade pelo sopro e pela passagem do outro.

---

[271] Sobre a análise da ética como dimensão erótica: SANTOS, Luciano Costa. *O sujeito é de sangue e carne: a sensibilidade como paradigma ético em Emmanuel Levinas*. Tese de doutorado – Pontifícia Universidade Católica do Rio Grande do Sul, 2007.

[272] LEVINAS, E. *De Deus que vem a ideia*. Petrópolis: Vozes, 2002, p. 112.

[273] RIBEIRO JR, N. *Sabedoria da paz: ética e teo-lógica em Emmanuel Levinas*. São Paulo: Loyola, 2008, p. 361. Grifo do autor.

[274] "O compromisso com o outro é inspirado, [...] inspiração significa 'ser o autor do que me foi, sem eu saber, insuflado; ter recebido, não se sabe de onde, aquilo de que sou autor'" (AE, 189).

Nota-se, portanto, que o amor sem *eros* se apresenta na proximidade dos corpos, ele se faz signo na responsabilidade na medida em que a subjetividade se substitui ao outro ou carrega o outro em si. Amar é temer pelo outro e entregar-se inteiramente e abertamente ao outro. Trata-se do amor ao outro em sua fraqueza, isto é, conservando a sua alteridade vulnerável. Nesse sentido, o *amor* revela seu caráter assimétrico ou sua não reciprocidade. Pois, a subjetividade se substitui a outrem no acusativo – *eis-me aqui* – constituindo-se no acolhimento insubstituível da diferença. "A responsabilidade pelo próximo é, sem dúvida, o nome denso do que se chama amor ao próximo, amor sem *eros*, caridade, amor em que o momento ético precede o momento passional, amor sem concupiscência."[275] O *dizer* ético é vivido como amor, como responsabilidade pelo outro graças à inspiração de outrem.

A ética do amor ao outro se radicaliza na substituição não apenas de um *rosto* humano, mas por todos os outros. Isso acontece devido ao fato de a subjetividade encontrar-se em meio a uma multiplicidade de pessoas e sua condição de refém não se reduzir a apenas um outro, mas a todos os outros que se aproximam. Diante da pluralidade de rostos únicos, importa ressaltar que a ética da alteridade articula indivíduo e sociedade, ética e política, amor e justiça.

Como substituição a subjetividade é responsável por todos e por tudo. Todos os outros, portanto, afetam-na incessantemente. Contudo, a partir da intriga ética do corpo a corpo emerge o *terceiro* na relação social. O *terceiro* é o próximo do meu próximo que "aparece como único na sua unicidade incomparável (*rosto*) e, ao mesmo tempo, comparável (*próximo*)".[276] O *dizer* incontextualizável do *rosto*, diz do outro e de todos aqueles (*terceiro*) que passaram pelo *rosto* do meu próximo. Por meio do *rosto* do outro falam todos os outros. O *terceiro*, portanto, o próximo do meu próximo é meu próximo[277] exigindo a comparação e a justiça para a garantia de uma vida social e política baseada na igualdade dos diferentes.

Não obstante, nesse compromisso com o outro, o ser humano se realiza. Sua autenticidade, sua unicidade ocorre nessa não coincidência consigo, nessa *in-condição*, compromisso anárquico com outrem. Pois o homem não é pastor do ser, mas o "parceiro do Infinito". BUCKS, René. *A Bíblia e a ética: a relação entre filosofia e a Sagrada Escritura na obra de Emmanuel Levinas*. São Paulo: Loyola, 1997, pp. 158-159.

[275] LEVINAS, E. *Entre nós: ensaios sobre a alteridade*. Petrópolis: Vozes, 1997, p. 143.

[276] RIBEIRO JR, N. *Sabedoria da paz: ética e teo-lógica em Emmanuel Levinas*. São Paulo: Loyola, 2008, p. 383.

[277] LEVINAS, E. *De Otro Modo que Ser: o Más Allá de la Esencia*. 4ª ed. Salamanca: Ediciones Sígueme, 2003, p. 201. LEVINAS, E. *De Deus que vem a ideia*. Petrópolis: Vozes, 2002, p. 119.

> *Mas é sempre a partir do* rosto, *a partir da responsabilidade por outrem, que aparece a justiça, que comporta julgamento e comparação, daquilo que em princípio, é incomparável, pois cada ser é único; todo outrem é único. [...] Há, em certo momento, necessidade de uma* passagem, *de uma comparação, de um pensamento, e a filosofia seria, nesse sentido, a aparição da sabedoria a partir do âmago dessa caridade inicial: ela seria a sabedoria dessa caridade, sabedoria do amor.*[278]

A filosofia da alteridade não nega a estruturação da sociedade, a necessidade da constituição de um Estado de direito e das instituições como modo de promover a justiça social. Mas, a passagem para a objetivação da justiça tem como pano de fundo a sabedoria do amor. Nela, a constituição da subjetividade se diz na sua unicidade de responsabilidade inspirada e a presença/ausência de outrem se exprime como *rosto/corpo* único e incomparável. No entanto, a questão da reciprocidade para a subjetividade passa a ser fundamental na medida em que exige o *dito* do *dizer* da subjetividade como modo de comparação para traduzir o *dizer* da responsabilidade pelo outro em responsabilidade social.

Por isso, com a entrada do *terceiro* na relação é possível estabelecer uma comparação enquanto o *rosto* se apresenta como o próximo do próximo. A partir dessa diferença, a subjetividade é convocada a assumir a posição de julgar e restituir ao outro e ao *terceiro* o que lhes são de direito: o bem e a justiça. Dessa maneira, a subjetividade no regime da ética acontece como sujeito político. Ou seja, a subjetividade se apresenta como o *dito* que se dobra diante do *dizer* inesgotável da ética para se realizar na esfera da política e para promover a justiça social ao próximo e ao próximo do meu próximo. Nesse sentido, é possível que se "comparem" os incomparáveis, isto é, dar a todos igualmente na diferença (dar a cada um o que é seu).

> *Nessa perspectiva, a significação da política, da justiça e da igualdade está pensada em função do horizonte da sabedoria do amor e não do amor à sabedoria. Na ética do* rosto, *a vida social encontra sentido no amor do indivíduo ao outro. O sujeito alterado pelo sopro do próximo, percebe-se incumbido de cuidar para que a justiça ao outro seja assegurada. E como o próximo tem seu próximo e pelo fato de "o outro ser também* terceiro, *em relação a um outro, que lhe é também próximo" (DMT 214), a vida social se constrói sobre a justiça, cuja origem encontra-se no seio da ética do amor.*[279]

---

[278] LEVINAS, E. *Entre nós: ensaios sobre a alteridade*. Petrópolis: Vozes, 1997, p. 144.

[279] RIBEIRO JR, N. *Sabedoria da paz: ética e teo-lógica em Emmanuel Levinas*. São Paulo: Loyola, 2008, pp. 383-384. Grifo do autor. LEVINAS, E. *De Otro Modo que Ser: o Más Allá de la Esencia*. 4ª ed. Salamanca: Ediciones Sígueme, 2003, p. 201, p. 242.

Na perspectiva da filosofia da linguagem ética, Levinas insiste que a justiça tem como princípio preservar a unicidade da subjetividade. Cabe à justiça evitar que a subjetividade seja reduzida à tematização do sistema político como *dito* de uma instituição que legitime a injustiça como expressão da liberdade tantas vezes justificada na cultura ocidental. Nesse sentido, a subjetividade deve ser resguardada em sua singularidade responsiva inspirada por outrem. Cada sujeito não pode se furtar à responsabilidade pelo próximo. Essa é a obrigação irredutível e constitutiva da subjetividade humana. Paralelamente, à justiça cabe legitimar a responsabilidade como amor ao próximo. Deve ser capaz de estruturar a vida social resguardando a unicidade dos indivíduos ao mesmo tempo em que garante a ordem social e promove o direito do outro sem colocar em risco o caráter universal da lei.[280]

Segundo Levinas em *Autrement Qu'être,* a articulação entre ética e política deve acontecer segundo a dinâmica da intriga do *dizer/dito*. No âmbito da filosofia da linguagem ética, a tematização da justiça pressupõe o *dito* como modo de promover e averiguar a responsabilidade social. No entanto, a justiça como amor ao próximo procede do *dizer* ético pré-original. Em relação ao *dito*, o *dizer* ético – amor e justiça – está no âmbito da *anarquia* da ética como responsabilidade. Portanto, relegar a justiça apenas à esfera do *dito* seria o mesmo que justificar a injustiça da liberdade e do saber ocidental. Por outro lado, manter-se apenas no nível do *dizer* seria não preocupar-se com a concretização das instituições que promovem a justiça pré-original. Sem a articulação entre a ética e a justiça, o *dizer* e o *dito*, a constituição da subjetividade no pensamento da alteridade não se sustentaria como humanidade responsável a partir da aproximação do próximo e quiçá estaria fadada a ser entendida como uma filosofia imersa no romantismo.

Experiências traumáticas como a do nazismo e a da crise do humanismo apontaram inúmeras vezes como o *dizer* foi substituído pelo *dito,* e, consequentemente promoveram a desfiguração e o emudecimento do *rosto* do outro. Segundo Levinas, a exacerbação da liberdade e a exaltação do Ser ressoaram como violência ao outro, pois a lei proveniente dos sistemas políticos envoltos na autonomia e no Ser mostrou-se impessoal. Dessa forma, o *dizer* do Ser no *dito* político alienou a singularidade da subjetividade em responder/substituir-se ao outro e comprometeu a singularidade do outro no se *dizer* ético do *rosto*.

---

[280] RIBEIRO JR, N. *Sabedoria da paz: ética e teo-lógica em Emmanuel Levinas*. São Paulo: Loyola, 2008, pp. 386-389.

Ao passar pelo crivo do *dizer/dito*, a ética e a justiça se entrelaçam demonstrando a força da sabedoria do amor. A presença dos outros no mundo social introduz uma nova maneira de perceber a proximidade. A proximidade se diz – além do contato com o *rosto* do outro – na relação com o *terceiro*. A subjetividade ao encontrar-se com o outro e o próximo do próximo é chamada a relacionar-se com a humanidade de todos os homens. Nesse sentido, a relação ética como amor e justiça ao próximo se expressa na *fraternidade* entre os homens.

Em *Totalidade e infinito*, Levinas já havia tematizado a relação com o *terceiro*. A partir da paternidade, a subjetividade se percebia em relação com o filho único, portanto, eleito na responsabilidade pelo pai. Como todos os filhos são únicos em seu apelo de *rosto* nu gera-se uma relação de irmão entre irmãos. Entretanto, em *Autrement Qu'être* a fraternidade é expressa no *se dizer* ético do amor sem *eros*. A fraternidade brota da inspiração da justiça que se deve ao próximo e ao próximo do próximo. Na linguagem ética, a fraternidade é pré-original e consolida a comparação entre os homens e a restituição da justiça a todos os outros. Dessa forma, a subjetividade se apresenta como fraternidade a partir do *dizer*.

A subjetividade como substituição na ética do amor sem *eros* não reivindica para si o direito de ser o sentido unilateral da justiça. Ela é investida de bem, amor e responsabilidade para fazer vigorar o direito do outro. No entanto, "o outro é plural, é 'muitos' e 'todos'." [281] Diante de todos os outros, a subjetividade torna-se justa na fraternidade carregando o peso responsivo por todos os outros sem distinção. Com a entrada do terceiro, a subjetividade se constitui como responsável pela humanidade capaz de promover a justiça e o bem para todos. A subjetividade na relação com o próximo e o próximo do meu próximo se diz como *ser-para-todos*.

> *A justiça não é justiça senão em uma sociedade em que não há distinção entre próximos e distantes, mas, ao mesmo tempo, em que é impossível passar ao lado do mais próximo; em que a igualdade de todos é carregada por minha desigualdade, pelo plus de meus deveres superando meus direitos.*[282]

---

[281] SUSIN, L. C. *O homem messiânico: uma introdução ao pensamento de Emmanuel Levinas*. Porto Alegre: Escola Superior de Teologia São Lourenço de Brindes, 1984, p. 409.

[282] LEVINAS, E. *De Otro Modo que Ser: o Más Allá de la Esencia*. 4ª ed. Salamanca: Ediciones Sígueme, 2003, p. 238.

Em suma, a subjetividade como substituição se torna responsável pela justiça ao outro. Entretanto, o próximo do próximo exige a objetivação da justiça nas instituições e no Estado. O que não se pode esquecer é que a base da eficácia da justiça institucional encontra-se no *dizer* ético da filosofia do *amor sem concupiscência*. Trata-se, portanto, de reportar o *dito* à precedência do amor e da caridade ao outro sem reduzi-los à impessoalidade da lei.

De forma singular, a ética da alteridade não reduz a subjetividade ao papel de mera coadjuvante. Graças à transformação semântica da palavra ética como amor responsável pelo outro pode-se pensar a subjetividade *outramente* a partir de sua antropogênese na hipóstase associada à sua heterogeneidade na intriga ética. Percebe-se que a sensibilidade é o fio condutor que perpassa a constituição da subjetividade. Por meio do corpo, da palavra, da escuta e, sobretudo pela inspiração, ela se faz signo/corpo responsivo a outrem. Com a chegada do terceiro a subjetividade se constitui como humanidade e possibilita repensar a política e a justiça no regime da ética como amor. Sob esse ângulo, é possível perceber a subjetividade na sabedoria do amor a serviço do amor ao outro. Todavia, a constituição da subjetividade como sensibilidade ética na filosofia do amor sem *eros* abre-se como alternativa razoável diante do olhar da tradição da filosofia grega cujo pressuposto de racionalidade e autonomia não permitiriam um *outro modo* de articulação filosófica sobre a subjetividade.

Na proximidade do próximo revela-se a fragilidade da subjetividade: ela é ferida em sua sensibilidade de corpo exposto, deposta de sua autonomia para constituir-se como humana e vulnerável na tentativa de retorno a si. Entretanto, percebe-se a grandeza de sua condição: a subjetividade é única como resposta ao outro: exposta ao outro em sua sensibilidade, ela se vê inspirada para sentir sentindo-se na fruição e sentir o outro em seu corpo vulnerável. Melhor. Sentir a alegria e o sofrimento que o próximo sente e ser capaz de carregá-lo em um corpo materno. A partir da subjetividade como substituição abre-se a possibilidade de repensar a paz e o amor sem que estejam ancoradas no idealismo e no romantismo das relações humanas. Torná-las justas na injustiça e não indiferentes na diferença. Diante disso, é possível perceber que a humanidade do outro homem tenha precedência com relação ao humanismo da modernidade.

Considerações finais

Os pontos investigados sobre a constituição da subjetividade na ética da alteridade na filosofia de Emmanuel Levinas nos três períodos do pensamento do autor revelaram diferentes níveis da subjetividade como sensibilidade. A interação entre os escritos filosóficos pessoais, escritos sobre os filósofos e as lições talmúdicas permitiu uma leitura itinerante da filosofia do autor. Essa estratégia de leitura foi recorrente neste estudo a fim de aliar a abordagem cronológica com um recorte diacrônico sobre o tema da subjetividade. Dessa maneira, procurou-se descrever os principais elementos constitutivos da subjetividade como sensibilidade ética.

À guisa de conclusão, adiantamos que essa metodologia foi adotada a fim de auxiliar a descrição da subjetividade. Mas não se trata, em absoluto, da tentativa de reportar os traços constitutivos da subjetividade humana a uma totalização do sentido nos diversos períodos de pensamento do autor. Percebemos que tal empreendimento seria contraditório, uma vez que o próprio autor, ao longo de sua obra, se contrapôs à sistematização filosófica como pressuposto para a busca e ostentação da sabedoria.

Retomando os pontos investigados a partir da filosofia levinasiana constatamos a influência e o embate entre o pensamento do autor e as concepções de Husserl e de Heidegger. A fenomenologia husserliana foi de suma importância para Levinas, na medida em que abriu espaço para a constatação da afecção do mundo da vida. Levinas retomou a concepção husserliana de sujeito afeccionado – cercado pelo mundo de significações – e associou-a à imediatez e mais radical afecção que advém do encontro com outrem. No entanto, o autor não se absteve em criticar Husserl.

No primeiro capítulo observou-se o limite da fenomenologia husserliana no que concerne a não abertura à exterioridade, uma vez que, segundo Levinas, o sujeito sendo refém do mundo vivido retrocede a si como forma de consciência reflexiva e tematizadora.

De forma mais enfática, averiguou-se na leitura levinasiana sobre Heidegger a necessidade de evasão do Ser como modo de irrupção do sujeito. Nas análises sobre a existência e o existente, Levinas se recusou à concepção heideggeriana do Ser como generosidade. Segundo o filósofo lituano, o Ser despersonalizou a subjetividade humana remetendo-a à impessoalidade do *il y a*. Na ontologia, a subjetividade permanecia submetida ao Ser, o que comprometeu também a relação ao outro.

Diante do anonimato do *il y a* como "mal de ser", foi descrita uma possibilidade de escapar da despersonalização da subjetividade imposta pelo Ser. A partir do movimento da *excendência* do Ser como separação/hipóstase, o sujeito pôde operar uma contração no seio da existência anônima do *il y a*. Levinas encontrou na descrição fenomenológica do corpo os elementos para libertar a subjetividade do sujeito das malhas do Ser. A fruição como modo de prazer e de sofrimento do corpo foi considerada primeiro como movimento de antropogênese da subjetividade como sensibilidade fruitiva.

Na fruição, o sujeito foi identificado como *mesmo*, pois assimilou e reduziu a exterioridade do mundo a si mesmo. Primeiro como modo de se satisfazer no gozo para garantir sua subsistência: comer, beber, dormir, trabalhar etc. Segundo, como forma de frear o gozo para perceber o sentido do mundo a partir da representação. O sujeito hipostático no movimento da fruição foi paulatinamente constituindo sua identidade a partir de seu próprio corpo senciente. Ao sentir sentindo-se no gozo e no sofrimento o sujeito deparou-se com sua unicidade de hipóstase, pois ninguém pode substituí-lo em sua alegria ou em seu padecimento. A partir da *posição* do sujeito – hipóstase – frente ao Ser, o próprio sujeito gerou, em seu corpo, a subjetividade como sensibilidade fruitiva.

Entretanto, no primeiro período da obra levinasiana, o autor já havia percebido que o sujeito não vive apenas da fruição do mundo, pois ele não se encontra apenas entre coisas. A constituição da subjetividade como sensibilidade foi desenvolvida, no segundo período, a partir da chegada da alteridade instaurando a subjetividade como tempo na relação com outrem. O horizonte da morte como alteridade absoluta ameaçou o reinado mundano do sujeito paralisando seu poder de poder. A morte como *impossibilidade da possibilidade* mostrou um sujeito mudo, restando-lhe apenas a espera da saída de si pela aniquilação.

Todavia, somente o outro humano como alteridade diferente da morte seria capaz de propiciar a abertura no tempo sem aniquilar o sujeito, e contribuir de fato para a constituição de sua subjetividade. Constatamos, por conseguinte, que o feminino abriu a dimensão da constituição da subjetividade como interioridade. Sua visita e instalação como hóspede permitiram ao sujeito sentir-se como acolhimento. A irrupção do feminino na vida fruitiva do sujeito, portanto, mostrou-se como a primeira revelação de outrem no regime do *eros*.

Nesse sentido, o segundo capítulo do livro percorreu o caminho fenomenológico do não fenomênico graças à visitação de outrem na vida fruitiva do sujeito. A paternidade e a filialidade indicaram mais precisamente a abertura no tempo e os primeiros passos para a constituição da subjetividade como eleição. Pela paternidade foi possível identificar o caráter antropológico da relação entre o sujeito e o outro. O filho instaurou a subjetividade como tempo, ocasionando uma reviravolta no sujeito hipostasiado. A alteridade do filho freou a sensibilidade fruitiva do corpo retirando-a do mero presente do Ser para lançá-la no cuidado pelo outro.

Com efeito, a apresentação das formas de alteridade foi fundamental para a percepção do outro humano como *rosto*. O contato com o *rosto* – alteridade sem distinção – foi a chave de investigação do segundo capítulo para a constituição da subjetividade como responsabilidade. O *rosto* apresentou-se como expressão e palavra. No contato com outro, o sujeito da hipóstase mostrou-se incapaz de reduzir a significância do *rosto* à ordem da compreensão e da tematização.

A partir da descrição metafenomenológica do *rosto* configurou-se a ética como filosofia primeira. O infinito do *rosto* e o desejo metafísico do outro se mostraram como elementos constituintes da subjetividade humana. A alteridade de outrem se movimentou no regime do sujeito fruitivo traumatizando-o de tal forma que instituiu a responsabilidade anterior à liberdade. De certa forma, o *rosto* do outro, isto é, o regime da alteridade concedeu ao sujeito o poder de resposta ética a outrem. Deu-lhe voz para responsabilizar-se pelo próximo.

Por vir de uma dimensão de altura, além e aquém do ser, a alteridade do *rosto* caracterizou a relação ética no regime da "metafísica pós-metafísica". A assimetria e a não reciprocidade da relação face a face acentuou a dinâmica da obrigação ética do sujeito ao outro. O outro permanece próximo e estrangeiro, despojado e imprevisível ordenando o sujeito a responsabilidades infinitas. O chamado à responsabilidade constituiu a subjetividade como sujeição a outrem. Quanto mais o outro solicita a resposta do sujeito, mais responsabilidades o sujeito contrai. Assim, na relação ética a resposta e a justiça ao outro são primeira e mais urgente do que qualquer preocupação que o sujeito tenha consigo.

Dessa maneira, a alteridade de outrem contestou o império fruitivo do sujeito hipostático ao revelar a precedência da responsabilidade ao outro frente o caráter ontológico da posição do sujeito no mundo. Em vista disso, a responsabilidade foi concebida como a própria constituição da subjetividade como sensibilidade em nível ético e não como um mero atributo do sujeito. A exposição ao apelo do *rosto* do outro esvaziou o sujeito de sua autonomia para encarregá-lo de bondade e responsabilidade para outrem. Desse modo, configurou-se a precedência da responsabilidade frente à liberdade. Isso foi de tal modo significativo que a subjetividade passou a ser identificada à responsabilidade revelando o movimento de heterogênese como traço imprescindível para sua constituição responsiva. O outro, portanto, instituiu a subjetividade como eleita na responsabilidade.

O último capítulo deste livro pretendeu descrever a subjetividade como sensibilidade ética a partir do deslocamento da linguagem ontológica para a linguagem ética. Ressaltaram-se as características subjacentes à subjetividade como conteúdo específico da responsabilidade enquanto ela se realiza como fissão do núcleo do sujeito.

No regime da ética da alteridade, a subjetividade foi apresentada no acusativo do "Eis-me aqui" constituindo-se como um *dizer* ético anterior ao *dito* e ao *dizer* no Ser. A partir do método enfático e hiperbólico, constatou-se que a ética e a constituição da subjetividade como sensibilidade remontam a um *dizer* anacrônico e anárquico. O contato com outrem, no regime da linguagem ética, instituiu uma subjetividade como corpo dado ao outro, isto é, um corpo que *se faz signo* na responsabilidade e na substituição do outro.

Na proximidade do próximo foi possível perceber uma subjetividade já afetada pela passagem da alteridade. Tal afecção propiciou a descoberta das características elementares da subjetividade como substituição. A vulnerabilidade apresentou a subjetividade como dom, corpo entregue ao outro. *Ex*-posição ao outro como destinado a carregar o padecimento de outrem. Na suscetibilidade da afecção por outrem, a subjetividade se revelou como obcecada pela proximidade do próximo. Cercada por todos os lados, a subjetividade se viu em uma inquietação e destituída de sua substância no Ser. Na obsessão por outrem foi possível perceber o excesso de responsabilidade contraído pela subjetividade até o ponto de tornar-se refém do outro.

A metáfora do eu-refém revelou um movimento de desnucleação do sujeito que se radicalizou no movimento da recorrência. Tratava-se de um outro modo de perceber a hipóstase. Não mais a posição do sujeito da fruição frente ao Ser, mas a *de*-posição do sujeito na afecção do outro. A proximidade do outro conduziu a subjetividade a esvaziar-se de si para *se dizer* na significância do *um-para-o-outro (substituição)*.

De forma mais plástica, a descrição da subjetividade como sensibilidade alcançou a significação de um corpo materno. A figura da maternidade foi responsável por radicalizar a intriga ética entre corpos de carne. A subjetividade como maternidade levou em consideração a dimensão fruitiva do corpo para lançá-la na doação dos elementos que comportam a fruição e na doação do próprio corpo ao outro. Nesse sentido, a maternidade abriu a dimensão do amor sem *eros* como amor e justiça ao outro.

A constituição da subjetividade como sensibilidade no regime da linguagem ética propugnou a responsabilidade de um pelo outro e por todos os outros. Pelo *rosto* do outro, apresentou-se o próximo de meu próximo, o terceiro. Com a presença do terceiro, surgiu a necessidade da comparação nas relações sociais para que assim pudesse ser restituída a justiça ao próximo e ao próximo do próximo. Levando em consideração essa situação, a ética da alteridade propôs articular ética e política sob o crivo do *dizer/dito*. A exigência de justiça do outro e do terceiro que se passa em seu *rosto* são primeiramente constituídas pela precedência da responsabilidade na linguagem ética. No entanto, o dito se tornou imprescindível, na medida em que tematiza a justiça em forma de direito civil e institui a lei como forma de promover e averiguar a responsabilidade social. De toda forma, a justiça que se espera da universalização da lei e das instituições depende em última instância do *dizer* ético irredutível ao *dito* político.

A insistência levinasiana em propor a ética do *rosto,* para além e aquém da ontologia, permitiu reconstruir a subjetividade humana em um outro âmbito irredutível ao saber que se compraz ao pensamento da subjetividade como autonomia. Ao desarticular a ordem do Ser, do *logos* e da linguagem, a ética da alteridade mostrou-se como uma alternativa fecunda para conceber a subjetividade como sensibilidade ética no *amor a outrem* sem se deixar levar por um puritanismo ou por uma visão romântica.

O caminho percorrido para a constituição da subjetividade apresentou o sujeito de corpo e de carne, vulnerável e passível diante do outro. Exposto a todo instante à afecção do outro. Em vista disso, a radicalidade da filosofia levinasiana quanto à afecção da proximidade do corpo/rosto do outro, inspirando e *in*-habitando a subjetividade leva a pensar que o outro constitui, de fato, a subjetividade como sensibilidade ética. Como se o "nascimento" da subjetividade ética só alcançasse tal possibilidade a partir da presença/ausência do outro na pele e no corpo mesmo do sujeito.

Tal constatação se torna relevante e atual para o debate filosófico na medida em que inaugura uma filosofia como *sabedoria do amor,* propondo a responsabilidade pelo outro como primeva para instituir a eticidade da subjetividade. Na medida em que Levinas propõe uma alternativa para a constituição da subjetividade do sujeito na relação social com a alteridade do outro sem estar condicionada aos pressupostos da lógica ocidental. Levinas propõe a constituição da subjetividade na relação do sujeito de carne, vulnerável e passível diante do outro com a alteridade do outro. Isso apesar de ter a pretensão de ser dita na língua grega – o filósofo confere ao humano o que lhe é mais próprio: sua vulnerabilidade de corpo que fala, escuta, responde e inspira-se no contato com todos os outros.

Referências bibliográficas

ABBAGNANO, Nicola. *Dicionário de filosofia*. 4ª ed. São Paulo: Martins Fontes, 2000.

BELO, Ângela Ales. *Fenomenologia e ciências humanas*. Bauru: EDUSC, 2004.

BUCKS, René. *A Bíblia e a ética: a relação entre filosofia e a Sagrada Escritura na obra de Emmanuel Levinas*. São Paulo: Loyola, 1997.

CALIN, Rodolphe; SEBBAH, François-David. *Le Vocabulaire de Levinas*. Paris: Ellipses, 2005.

CINTRA, Benedito Eliseu Leite. Duas notas sobre Emmanuel Levinas. Em: *Revista Brasileira de Filosofia*, v. 44, n. 192, out./dez. 1998, pp. 428-446.

_____. Emmanuel Levinas: o prefácio de Totalité et Infini. Em: *Revista Brasileira de Filosofia*, São Paulo, v. 43, n. 184, out./dez. 1996, pp. 436-468.

CHALIER, Catherine. *Levinas: a utopia do humano*. Lisboa: Instituto Piaget, 1993.

COSTA, Márcio Luis. *Levinas*: uma introdução. Petrópolis: Vozes, 2000.

DERRIDA, Jacques. *Adeus a Emmanuel Levinas*. São Paulo: Perspectiva, 2004.

DESCARTES, René. *Meditações metafísicas*. São Paulo: Martins Fontes, 2000.

_____. *Discurso do método*. 2ª ed. São Paulo: Martins Fontes, 1996.

FABRI, Marcelo. *Desencantando a ontologia: subjetividade e sentido ético em Levinas*. Porto Alegre: EDIPUCRS, 1997.

_____. Distância e proximidade: Levinas e a hermenêutica. Em: *Numen: Revista de Estudos e Pesquisa da Religião*, Juiz de Fora, v. 3, n. 1, jan./jun. 2000, pp. 53-68.

_____. Despertar do anonimato: Levinas e a fenomenologia. Em: *Veritas: Revista de Filosofia*, Porto Alegre, v. 47, n. 2, jun. 2002, pp. 121-130.

_____. Levinas e a busca do autêntico. Em: *Veritas: Revista de Filosofia*, Porto Alegre, v. 45, n. 2, jun. 2000, pp. 185-194.

_____. A Ética como dessacralização em Levinas. Em: *Veritas: Revista de Filosofia*, Porto Alegre, v. 46, n. 2, jun. 2001, pp. 295-302.

FARIAS, André Brayner. A anarquia imemorial do mundo – Levinas e a ética da substituição. Em: *Veritas: Revista de Filosofia*, Porto Alegre, v. 53, n. 2, abr./jun. 2008, pp. 18-34.

FONTANIER, Jean-Michael. *Vocabulário latino da filosofia: de Cícero à Heidegger*. São Paulo: WMF Martins Fontes, 2007.

HADDOCK-LOBO, Rafael. *Da existência ao infinito: ensaios sobre Emmanuel Levinas*. São Paulo: Loyola, 2006.

HEIDEGGER, Martin. *Ser e tempo*. Petrópolis: Vozes, Bragança Paulista: EDUSF, 2006.

_____. *Sobre o humanismo*. Rio de Janeiro: Tempo Brasileiro, 1967.

_____. *Que é a metafísica?* Trad. Ernildo Stein. São Paulo: Abril Cultural, 1983. Coleção Os Pensadores.

_____. Tempo e ser. Em: *Conferências e escritos filosóficos*. Trad. Ernildo Stein. São Paulo: Abril Cultural, 1979. Col. Os Pensadores.

HUSSERL, Edmund. *A ideia da fenomenologia*. Lisboa: Edições 70, 2000.

_____. *Investigações lógicas: sexta investigação (elementos de uma elucidação fenomenológica do conhecimento)*. São Paulo: Abril Cultural, 1980. Coleção Os pensadores.

_____. *Conferências de Paris*. Lisboa: Edições 70, 1992.

_____. *Meditações cartesianas: introdução à fenomenologia.* São Paulo: Madras, 2001.

KANT, I. *Crítica da razão prática.* Trad. Valério Rohden. São Paulo: Martins Fontes, 2002.

_____. *Fundamentação da metafísica dos costumes.* Trad. Paulo Quintela. São Paulo: Abril Cultural, 1980. Coleção Os Pensadores.

LEVINAS, Emmanuel. *Da evasão.* Gaia: Estratégias Criativas, 2001.

_____. *Da existência ao existente.* Campinas: Papirus, 1998.

_____. *Le Temps et L'Autre.* 5ª ed. Paris: Fata Morgana, 1994.

_____. *Totalidade e infinito.* Lisboa: Edições 70, 2000.

_____. *Difícil Libertad: Ensayos sobre el Judaísmo.* Madri: Caparrós Editores, 2004.

_____. *Descobrindo a existência com Husserl e Heidegger.* Lisboa: Instituto Piaget, 1997.

_____. *Quatro leituras talmúdicas.* São Paulo: Perspectiva, 2003.

_____. *Humanismo do outro homem.* Petrópolis: Vozes, 1993.

_____. *De Otro Modo que Ser: o Más Allá de la Esencia.* 4ª ed. Salamanca: Ediciones Sígueme, 2003.

_____. *Sur Maurice Blanchot.* Montpellier: Fata Morgana, 1975.

_____. *Do sagrado ao santo: cinco novas interpretações talmúdicas.* Rio de Janeiro: Civilização Brasileira, 2001.

_____. *Ética e infinito.* Lisboa: Edições 70, 1988.

_____. *De Deus que vem a ideia.* Petrópolis: Vozes, 2002.

_____. *Transcendência e inteligibilidade.* Lisboa: Edições 70, 1991.

_____. *Hors Sujet.* Montpellier: Fata Morgana, 1987.

_____. *Entre nós: ensaios sobre a alteridade.* Petrópolis: Vozes, 1997.

_____. *Deus, a morte e o tempo.* Coimbra: Almedina, 2003.

_____. *Liberté et Commandement*. Montpellier: Fata Morgana, 1994.

_____. *Les Imprevus de l'Histoire*. Montpellier: Fata Morgana, 1994.

_____. *Novas interpretações talmúdicas*. Rio de Janeiro: Civilização Brasileira, 2002.

MANCE, Euclides André. Emmanuel Levinas e a alteridade. Em: *Revista de Filosofia: Curitiba*, v. 7, n. 8, abr. 1994, pp. 23-30.

MARCO, Valéria de. A literatura de testemunho e a violência do Estado. Em: *Revista Lua Nova*, n. 62, 2004.

MENEZES, Magali Mendes de. *O Terceiro como fundamento da Justiça*. Filosofia Unisinos, São Leopoldo, RS, v. 3, n. 5, jul. 2002, pp. 191-199.

_____. O pensamento de Emmanuel Levinas: uma filosofia aberta ao feminino. Em: *Revista Estudos Feministas*. Florianópolis, v. 16, n. 1, jan./abr. 2008, pp. 13-33.

NODARI, Paulo César. O rosto como apelo à responsabilidade e à justiça em Levinas. Em: *Síntese Nova Fase*. Belo Horizonte, v. 29, n. 94, mai./ago. 2002, pp. 191-221.

OLIVEIRA, Manfredo Araújo de. *Correntes fundamentais de ética contemporânea*. 2ª ed. Petrópolis: Vozes, 2001.

PAIVA, Márcio Antônio de. Subjetividade e infinito: do declínio do cogito à descoberta da Alteridade. *Síntese – Revista de filosofia*. Belo Horizonte, v. 27, 2000, pp. 213-231.

PELIZZOLI, Marcelo Luiz. *Levinas: a reconstrução da subjetividade*. Porto Alegre: EDIPUCRS, 2002.

PIVATTO, Pergentino S. A questão da subjetividade nas filosofias do diálogo: o exemplo de Levinas. Em: *Veritas: Revista de Filosofia*, Porto Alegre, v. 48, n. 2, jun. 2003, pp. 187-195.

_____. Responsabilidade e justiça em Levinas. Em: *Veritas*: *Revista de Filosofia*, Porto Alegre, v. 46, n. 2, jun. 2001, pp. 217-230.

_____. Ética da alteridade. Em: OLIVEIRA, Manfredo Araújo (org.). *Correntes fundamentais da ética contemporânea*. 2ª ed. Petrópolis: Vozes, 2000.

POIRIÉ, François. *Emmanuel Levinas: ensaio e entrevistas*. São Paulo: Perspectiva, 2007.

RIBEIRO JÚNIOR, Nilo. *Sabedoria de amar: a ética no itinerário de Emmanuel Levinas*. São Paulo: Loyola, 2005.

_____. *Sabedoria da paz: ética e teo-lógica em Emmanuel Levinas*. São Paulo: Loyola, 2008.

_____. *A gênese da ética e da teologia na filosofia de Emmanuel Levinas*. Tese de Doutorado – Faculdade de Teologia, Centro de Estudos Superiores da Companhia de Jesus, Belo Horizonte, 1998.

_____. O centenário do nascimento de Emmanuel Levinas. Em: *Perspectiva Teológica*, Belo Horizonte, n. 38, 2006, pp. 385-402.

RICOEUR, Paul. *Outramente: leitura do livro Autrement Qu'être ou Au--delà de L'essence de Emmanuel Levinas*. Petrópolis: Vozes, 1999.

ROLANDO, Rossana. *Emmanuel Levinas: para uma sociedade sem tiranias*. Campinas: Educação & Sociedade, n. 76, out. 2001, pp. 76-93.

SALES, Marcelo. *O rosto do outro como fundamento ético em Emmanuel Levinas*. Campinas: Reflexão, v. 30, n. 88, jul./dez., 2005, pp. 105-126.

SANTOS, A. R. dos. *Metodologia científica: a construção do conhecimento*. 6ª ed. rev. Rio de Janeiro: DP&A Editora, 2004.

SANTOS, Luciano Costa. *O sujeito é de sangue e de carne: a sensibilidade como paradigma ético em Emmanuel Levinas*. Tese de Doutorado – Pontifícia Universidade Católica do Rio Grande do Sul, 2007.

SIDEKUM, Antonio. *O traço do outro: globalização e alteridade ética*. Filosofia Unisinos, São Leopoldo, v. 2, n. 3, jul. 2001, pp. 165-192.

SIMON, Paul Albert. *Emmanuel Levinas: lógica ocidental e lógica judaica*. Rio de Janeiro: Presença Filosófica, v. 13, n. 1-4, jan./dez. 1988, pp. 32-44.

SOUZA, Ricardo Timm. *Sujeito, ética e história: Levinas, o traumatismo infinito e a crítica da filosofia ocidental*. Porto Alegre: EDIPUCRS, 1999.

_____. Justiça, liberdade e alteridade ética: sobre a questão da radicalidade da justiça desde o pensamento de Emmanuel Levinas. Em: *Veritas: Revista de Filosofia*, Porto Alegre, v. 46, n. 2, jun. 2001, pp. 265-274.

SOUZA, Ricardo Timm; FARIAS, André Brayner; FABRI, Marcelo (org.). *Alteridade e ética: obra comemorativa dos 100 anos de nascimento de Emmanuel Levinas*. Porto Alegre: EDIPUCRS, 2008.

SUSIN, Luiz Carlos. *O homem messiânico: uma introdução ao pensamento de Emmanuel Levinas*. Porto Alegre: Escola Superior de Teologia São Lourenço de Brindes, 1984.

SUSIN, Luiz Carlos; FABRI, Marcelo *et al* (org.). *Éticas em diálogo: Levinas e o pensamento contemporâneo: questões e interfaces*. Porto Alegre: EDIPUCRS, 2003.

VASQUEZ, Ulpiano. A teologia interrompida: para uma interpretação de E. Levinas. Em: *Revista Perspectiva Teológica*. Belo Horizonte, v. 14, n. 32, jan./abr. 1982, pp. 51-73.

_____. A teologia interrompida: para uma interpretação de E. Levinas (II). Em: *Revista Perspectiva Teológica*, Belo Horizonte, v. 15, n. 37, set./dez. 1983, pp. 365-383.

VAZ, H. C. L. *Escritos de filosofia IV: uma introdução à ética filosófica*. 2ª ed. São Paulo: Loyola, 2002.

_____. *Escritos de filosofia II: ética e cultura*. 3ª ed. São Paulo: Loyola, 2000.

Esta obra foi composta em CTcP
Capa: Supremo 250g – Miolo: Pólen Soft 80g
Impressão e acabamento
Gráfica e Editora Santuário